Tina Manasa Eber

Von der armen Sau zum Glücksschwein

Mein Weg vom Opfer zum Macher

Der Link zum Buch:
www.gluecksschwein-sein.de

Bibliographische Informationen der Deutschen Nationalbibliothek:

Die Deutsche Nationalbibliothek verzeichnet diese Publikation in der Deutschen Nationalbibliografie; detaillierte bibliografische Daten sind im Internet über http:// www.dnb.d-nb.de abrufbar.

© 2010 Tina Manasa Eber

Herstellung und Verlag:
Books on Demand GmbH, Norderstedt"

ISBN 978-3-839171-65-3

Tina Manasa Eber

Von der armen Sau zum Glücksschwein

Mein Weg vom Opfer zum Macher

Das Buch widme ich
meinen lieben Eltern

Inhaltsverzeichnis

1	Einleitung	6
2	Wie alles begann	9
3	Wien	20
4	Thomaz Green Morton	32
5a	Erstes Seminar in Brasilien	50
5b	Besuch bei Thomaz Green Morton	72
6	PSI-Tage und Brasilien II	81
7	Frei von der Vergangenheit	95
8	Die Intensivseminare	113
9	Hawaii	124
10	Besuch bei Dr. Fred Bell	164
11	Über Kuba nach Brasilien	181
12	Die Liebe leben	195
13	Die Ferienseminare in der Toskana	215
14	Kreta	228
	Schlusswort und Dank	251

-1-
Einleitung

Jeder kann ein Glücksschwein sein. Meine Entwicklung von der armen Sau zum Glücksschwein erfahren Sie hier. Seit 2005 besuche ich intensiv und regelmäßig die Seminare von Harald Wessbecher. Dadurch hat sich mein Leben komplett verändert und mittlerweile habe ich ein schönes und erfülltes Leben. Das Hauptgeheimnis meines Erfolges ist sicher darauf zurückzuführen, dass ich gelernt habe, auf die Stimme des Herzen zu hören. Während der ganzen Zeit war es nicht immer sicher für mich, dass es erfolgreich sein würde. Ich musste einige Niederlagen einstecken, es gab Zeiten, da hatte ich kaum Geld, kaum Freunde und schon gar kein eigenes Zuhause. Doch ich blieb beharrlich und das machte sich bezahlt. Mehr als das. Ich weiß jetzt was es heißt, glücklich zu sein, und das ist unabhängig von äußeren Dingen – obwohl ich sie sehr schätze.
Und auch gerade deshalb ist Harald Wessbecher auch ein Vorbild für mich geworden, er beweist, dass spirituelle Entwicklung und materieller Wohlstand sich nicht ausschließen müssen.

Mir liegt es sehr am Herzen, andere Menschen an meinem Glück teilhaben zu lassen. Die Seminare und Aussagen, die damals am meisten dafür verantwortlich waren, dass ich vorwärts ging, habe ich so beschrieben, wie ich es damals erlebte. Darüber hinaus habe ich die vorgeschlagenen Übungen verfolgt und das Ganze mit den entsprechenden Kassetten und CDs unterstützt bzw. intensiviert. Das Buch ist so aufgebaut, dass es von Seminar zu Seminar führt, die ich besuchte und hier passend zum Buchtitel verwende. Dabei habe ich manchmal die zeitliche Reihenfolge verändert oder mehrere Seminare in einem zusammengefasst. Die nachfolgenden Inhalte und Dialoge spiegeln alles so wider, wie ich sie interpretiere, persönlich erlebe und umsetze. Sie sind mehr als Anregung gedacht und keinesfalls als Leitfaden zu verstehen! Auch die Zitate sind manchmal aus dem Zusammenhang gerissen, meist aus den Seminaren, die das ganze Thema gründlich behandeln.

Ich habe mich bemüht, besonders ehrlich zu schreiben und nichts schön zu reden. Einer meiner größten Schwächen ist wohl, dass ich mich gerne überlegen fühle und mich als etwas Besonderes, Besseres sehen möchte. Anerkennung und Bestätigung waren sehr wichtig für mich. Da dieses Buch während dieser Zeit entstanden ist, kann es schon sein, dass mein aufgeblasenes Ego ab und zu durchblitzt oder dass ich am Ziel vorbeigeschossen habe und ein belehrender Unterton rüberkommt. Das gebe ich gerne zu. Eine meiner größten Stärken ist dafür meine gnadenlose Ehrlichkeit mit mir selbst und mein unerschütterlicher Humor. Ich kann immer über die Eskapaden meines

Egos lachen – es kann nur manchmal etwas länger dauern. Also haben Sie Nachsicht, liebe Leser.

Zum anderen möchte ich das Buch gerne den Menschen widmen, die den Weg mit mir gegangen sind. Ich möchte nichts missen und bin dankbar für alles, was ich erleben durfte, obwohl es bei manchen Erlebnissen auch länger dauern kann. Nichtsdestotrotz viel Spaß beim Lesen und viel Erfolg beim Gehen Ihres persönlichen Weges des Herzens.

Von Herzen,
Tina Manasa Eber

-2-
-Wie alles begann-
Meine ersten Seminarerfahrungen

Bis es soweit war, dass ich auf meine Herzensstimme hörte, hat es noch ein wenig gedauert. Zuerst besuchte ich entsprechende Seminare zu diesem Thema. Es lässt sich nicht vermeiden, dass man dort auch auf andere Seminarteilnehmer stößt. Vermeiden deshalb, weil ich es damals noch nicht zu schätzen wusste. Ich kam mir oft ziemlich toll und überlegen vor, war ich doch Chefsekretärin, die hier war, um ihre Karriere voranzutreiben. Ich war nicht aus spirituellen Gründen da, sondern wollte ganz pragmatische Dinge lernen, um noch erfolgreicher im Leben zu sein. Schöne Wohnung, guter Job, toller Freund. Ich hatte damals nicht das Gefühl, es nötig zu haben. Zu der Zeit hatte ich einen eigenen sogenannten Coach und der hatte mir das Seminar empfohlen. Allein die Tatsache blies mein Ego noch zusätzlich auf, und ich fühlte mich überlegen und viel wichtiger, als all die Menschen, die dort waren. Zugegeben hätte ich es damals aber nie. Daher versuchte ich ganz geschickt den Spagat hinzubekommen, dass es nicht sofort auffiel, innerlich fühlte ich mich als etwas Besonderes und äußerlich versuchte ich gut anzukommen, war oberflächlich und bemüht, das man mich mochte. Dass ich unter der Oberfläche total traurig war, nicht wirklich berührt war von dem Leben, das ich führte und keine gute Meinung von mir hatte, ignorierte ich nicht nur, ich war mir dessen gar nicht bewusst.

So und dann war da ja noch der Seminarleiter – Harald Wessbecher. Zu Harald hatte ich von Anfang an Vertrauen, wenn er sprach, spürte ich tief im Inneren, das stimmt, das ist für mich die Wahrheit. Es berührte mein Herz. Ich war fasziniert von seiner Art und von der starken Ausstrahlung, die er hatte. Sie schüchterte mich aber auch ein. In seiner Nähe fühlte ich mich nicht mehr als Überflieger, sondern eher als zerquetschte Laus. Mein wunderschön aufgeblasenes Ego fiel in seiner Gegenwart regelrecht zusammen. Schlimmer noch, selbst wenn er nicht in der Nähe war, ich aber ahnte, er würde gleich um die Ecke biegen, ließ das mein Ego schon zusammenzucken und mich verkrampfen. Diesen Zustand hielt ich natürlich nur schwer aus, es waren zwei Extreme, totale Attraktion und totale Hemmungen. Das unangenehme Gefühl überwog bei mir und so schlich ich in den Seminarpausen immer durch die Gänge und hoffte, er würde mich nicht bemerken. Dazu murmelte ich innerlich immer mein Seminarmantra: Sprich mich nicht an, sprich mich ja nicht an.

Das Gute war, während er sprach, vergaß ich mich selbst. Er schafft eine lockere und leichte Atmosphäre, in der es leicht fällt, die eigenen Probleme nicht mehr so ernst zu nehmen, sich selbst nicht mehr so ernst zu nehmen. Es ist einfach, den eingängigen Worten zu lauschen, schöne Gefühle entstehen zu lassen und sich dem Gesagten hinzugeben. Diese Lockerheit wirkt auf viele sehr ansteckend und neben den ganzen Themen, die sich in einem selbst abspielen, gibt es auch sehr schöne Momente, wo es viel darum geht, zu sein, zu genießen und Spaß zu haben. Anfänglich war ich irritiert davon, dass alle übertrieben und scheinbar sinnlos fröhlich und ausgelassen sind. Als das Seminar beginnen sollte, stellte ich verwundert und unruhig fest, dass keiner auf seinem Platz saß, am wenigsten der Referent und das Schlimmste war, es schien niemanden sonderlich zu stören! Ich begann zu suchen, hatte ich etwas verpasst, ging das Seminar in einem anderen Raum weiter? Nein, ich fand die meisten an der Espressobar wieder. Und als ich dann endlich das Gefühl hatte, es geht gleich weiter, die meisten haben ausgetrunken, – hat Harald noch einen kleinen schnellen Cappuccino bestellt und sagte: „Es ist immer Zeit zu genießen!" „Ja, hat der noch alle Nerven beisammen?", dachte ich mir.

Aber von all den inneren Themen, an denen ich zu knabbern hatte, war das noch das Geringste. Also gewöhnte ich mich an diese „Sitte" und ab und zu lasse ich mich dann noch zu einem zweiten Cappuccino hinreißen. Wenn ich ganz übermütig bin, versteht sich. Und abgesehen davon ist es für mich immer wieder faszinierend, wie viel Apfelstrudel dieser Mann verspeisen kann. Ich glaube, es ist sein heimliches Markenzeichen! Erleuchtung durch Apfelstrudel! Vielleicht ist das auch ansteckend? – Denn es verblüfft mich immer wieder, wie viele der Teilnehmer Apfelstrudel und Cappuccino vorsichtshalber konsumieren - sollte die These unerwarteter weise doch zutreffen, dass Erleuchtung auch durch den Verzehr von Apfelstrudel möglich ist, dann ist eines gewiss: Wir sind auf der sicheren Seite!

Aber hinter dieser - sagen wir mal Eigenart steckt reine Absicht. Es geht zum einen darum, manchen Erwartungen den Nährboden zu entziehen, z.B. dass ein gutes Seminar von der Dauer abhängt, dass es wichtiger ist, wann etwas passiert, als dass es passiert. Und zum anderen will er viel Raum für die Teilnehmer schaffen ohne Strukturen und festen Zeitplan. Der Ablauf wird eher intuitiv und fließend gehalten, d.h., alles passiert zu seiner Zeit und dann wann es richtig ist. Anfänglich hatte ich, wie gesagt, meine Mühe damit. Ich bin ein ungeduldiger Typ und will, dass immer alles gleich passiert. Wenn die Pausen zu lange dauern, fühle ich mich aufgehalten. Dann habe ich das Gefühl, ich verpasse das Wesentliche. Außerdem über was soll ich mich denn die ganze Zeit mit den anderen unterhalten? Normaler Smalltalk schien nicht gefragt, und die wenigsten waren zu beeindrucken, wenn ich versuchte mich selbst gut darzustellen. Es fiel mir als Neuling schon bald auf: Hier wurden nicht gewöhnliche Fragen gestellt wie: „Wie alt bist Du?"

denn das interessiert eh niemanden! „Was arbeitest Du?" oder „Bist Du verheiratet?" und „Wo lebst Du" schienen ebenfalls unwichtig. Es sind eher Fragen oder Dialoge wie, „Wie nennst Du Dich im Moment?" oder „Ist das Dein richtiger Name?" „Was, Du arbeitest noch in einer festen Struktur? Verstehe!" „ Hast Du noch einen festen Wohnsitz?" „Wo hältst Du Dich im Moment auf? Ah, Du weißt es selbst nicht – Ja, lässt Dich fließen. Hmm, hab ich auch vor!"

Aber genau da sind wir schon beim Thema.

Warum gibt es zunehmend mehr Teilnehmer ohne festen Wohnsitz oder ohne geregeltem Einkommen? Nicht, dass dies wirklich erforderlich wäre, um die Stimme des Herzens zu hören. Manche Menschen sind eben eher starke Abenteurer oder sehr mutig und konsequent und wollen das Schicksal herausfordern und sich dem Unbekannten in den Rachen werfen. Wie gesagt, es ist nicht notwendig, dies zu tun. Es ist eher eine Stilfrage: Was passt zu mir? Wie möchte ich mit dem Leben umgehen? Es ist genauso gut möglich, die Stimme des Herzens wahrzunehmen, wenn man sich Schritt für Schritt aus seiner Geschichte befreit, also von allem was nicht wirklich zu mir und meinem Wesen passt.

Harald meint, ...*dass es möglich ist, wenn ich es schaffe aus meiner Geschichte auszusteigen, gleichzeitig einzusteigen in mein wahres Wesen. Das hilft mir, eine Struktur in mir zu finden, die mir normalerweise entgangen ist. Die wieder zu spüren, dorthin zu gehen und die wieder lebendig werden zu lassen, befreit mein wahres Wesen.*

„Ein Mensch, der den Weg des Herzens geht, und den Fokus auf seine Lebensabsicht hat, fragt nicht, ob er wichtig ist oder nicht.
Er ist nicht verletzbar, nicht enttäuschbar, nicht kritisierbar, andere Meinungen sind ihm egal, er ärgert sich nicht, ist immer vergnügt, nicht aufzuhalten, hat keine Angst, hat keine Schuldgefühle, ist unantastbar. Kann aber Vereinbarungen treffen. Es geht um die Entscheidung, ob man dabei frei ist oder nicht."

Wow. Das hörte sich für mich unglaublich an. Der scheint also davon auszugehen, so dachte ich, dass man das schaffen kann und dass eher alles andere unnormal wäre. Das konnte ich kaum glauben.
Damals waren viele der Ansicht, es sei normal, auch mal wütend zu sein. Schließlich hört man ja oft die Empfehlung, man solle seine Wut raus lassen, oder? Aber andererseits faszinierte mich die Aussage sehr, auch wenn sie mich gehörig einschüchterte, denn ich war weit weg davon. Das will ich rausfinden, ob das stimmt, sagte ich mir. Allein die Aussicht darauf, nicht mehr verletzbar zu sein, war für mich sehr lockend. Obendrein spürte ich meine unendliche Sehnsucht, eine starke treibende Kraft, mein Wesen zu entdecken und meine Bestimmung zu finden. Dabei wollte ich mich nicht verbissen und ernsthaft zu Tode meditieren oder mich unter einen Baum setzen.

Gott sei Dank hatte ich andererseits so viel Humor in mir und erzeugte dadurch immer wieder Situationskomik. So konnte ich oft über mich und mein merkwürdiges Verhalten lachen, das glich vieles wieder aus. Doch meine ganzen anderen Aspekte, Talente und Eigenschaften, mein großes Herz und anderes, kamen damals noch nicht so sehr ans Licht. Ich hatte oft nur eine leise Ahnung davon, wie meine eigentliche Persönlichkeit ist.

Wäre es dann nicht prima, wenn man die Dinge, die einen plagen, ablegen könnte wie ein altes Kleidungsstück? Und ersetzen durch ein neues, schickes und besser Passendes? Man kann! Harald betont gerne: *„Wir sind nicht unsere Geschichte. Vielmehr sind wir ein Wesen, und wir haben eine Grundpersönlichkeit, die es herauszufinden gilt."*
„Der Weg dahin erfordert viel Wachheit und wilde Entschlossenheit, eingefahrene Muster zu durchschauen, alte Gewohnheiten zu brechen, Verwicklungen zu lösen. Zu durchschauen, wo man Trost sucht (Essen, Menschen, Fernsehen), fremden Werten nachzujagen wie Leistung, Anerkennung, Aufmerksamkeit, u.Ä.. Denn all dies verhindert, dass wir die Stimme des Herzens überhaupt hören können!"

Aha, es schien, als hätte ich doch noch ein paar Aufgaben und Herausforderungen vor mir. Denn so einfach wie ich es mir am Anfang vorstellte, war es

doch nicht. Denn es hört sich super an, wenn man sagt, ja ich geh den Weg des Herzens. Aber keine Erwartungen mehr zu haben und nicht mehr reaktiv zu sein, ist nochmal was ganz anderes. Ich beschränkte mich zunächst mal auf die Dinge, die mir leichter fielen: Loslassen, reisen und Abenteuer erleben.
Und dazu sollte ich auch schon bald reichlich Gelegenheit bekommen. Noch während des Seminars wurde für interessierte Teilnehmer nach dem Abendessen ein Video-Mitschnitt von den Basler PSI Tagen (eine Art esoterische Messe) gezeigt. Darauf war der Auftritt von Thomaz Green Morton aus Brasilien zu sehen. Das bevorstehende Ferienseminar sollte in Brasilien stattfinden, im Anschluss war ein Besuch bei jenem ungewöhnlichen Mann geplant inklusive Energetisierung. Ich hatte bis dahin noch nie etwas von ihm gehört. Falls es Ihnen genauso geht, keine Sorge, ich werde noch ausführlich berichten. In dieser Aufzeichnung erzählte er also ein wenig von sich und sprach für alle Zuhörer seine sogenannte Mentalisation. Das kann man sich in etwa als eine Art Meditation vorstellen. Sie hat mir von Anfang an wahnsinnig gut gefallen und mich tief berührt. Sie werden sie ebenfalls später wiederfinden.

So wie er in dem Film auf der Bühne stand und aus seinem Leben erzählte, übte Thomaz Green Morton eine ungeheure Faszination auf mich aus. Sofort war mir klar, da muss ich hin. Wow! Auf einem Ferienseminar war ich bislang nie dabei gewesen, schon gar nicht in Brasilien. Ich konnte es selbst kaum glauben, dass ich einfach so aus dem Bauch heraus entschied, dorthin mitzukommen. Noch dazu sollte diese Reise in knapp zwei Monaten stattfinden. Ich war so aufgeregt und euphorisch, dass ich mich noch während Harald vorne saß und referierte, zu Wera (organisiert Seminare für Harald) schlich und anmeldete. Später erst fiel mir der Preis auf. Gruppenenergetisierung von Thomaz mehrere tausend Euro. Oh, ein Druckfehler, die meinen doch sicher einige hundert Euro? Nein, kein Druckfehler. Tatsächlich mehrere tausend Euro. Jetzt hatte ich mich aber schon angemeldet und ich traute mich nicht, wieder zu stornieren, nur weil mir der Preis zu hoch war. Ich wollte auch nicht kleinlich sein und wenn sie es für angemessen hielten….vielleicht wird dann auch ganz viel Besonderes passieren und ich würde viel erhalten, rechnete ich mir sofort aus. Aber tausende von Euros, Mann, soviel hatte ich auch noch nie für ein Seminar ausgeben. Schon gar nicht für eines, das nur zwei Tage dauern sollte. Ich haderte zwar innerlich kurz mit mir, aber es hielt mich dennoch nicht davon ab, angemeldet zu bleiben. Nicht einmal die Tatsache irritierte mich, dass ich weder Geld für den Flug, das Hotel, das Harald Seminar, geschweige denn für Thomaz hatte. Aber irgendwie hatte ich in mir die Gewissheit, dass es klappen würde.

Und tatsächlich. Ich bekam einen Teil von Barbara, meiner Schwester, geschenkt. Sie fand, ich habe mich immer für sie eingesetzt und jetzt wäre es eine tolle Gelegenheit, sich erkenntlich zu zeigen. Wow. Was für eine Geste. Den anderen Teil bekam ich von meinem Vater geschenkt. Allerdings sagte ich ihm nicht wofür. Wenn er gewusst hätte, dass ich es für einen verrückten Brasilianer ausgab, hätte er es sich sicherlich nochmals überlegt! Doch besser hätte ich das Geld nicht anlegen können....so spürte ich es damals und im Nachhinein kann ich nur sagen, für mich war es mehr als nur ein spannendes Abenteuer - es war wesentlich!

Aber bevor es soweit sein sollte, fragte Wera, ob ich nicht noch mitkommen möchte nach Wien zum Geld-Seminar, da ich ja jetzt große Pläne hätte. Nein! sagte ich. Wurde dann aber eines Besseren belehrt, denn kaum war ich zu Hause angekommen, hörte ich ganz deutlich die Stimme meines Herzens rufen: „Fahr nach Wien!"

Wenn sich manche nun fragen, wer ist eigentlich Wera? Wera Schmölzer ist Haralds Engel. Sie organisiert und betreut die meisten österreichischen Seminare und Intensivseminare. Außerdem ist sie bekannt für ihr goldenes Herz und wird liebevoll als „unsere Mutter Theresa" bezeichnet. Harald meint dazu „Oma Wera" wäre noch mehr, sozusagen die Steigerung davon, aber Sie sehen, lieber Leser, er ist auch bekannt für völlig deplatzierte und unseriöse Bemerkungen. Für mich als Teilnehmerin ist es immer wieder verblüffend, mit welcher Liebe und Einsatz sie sich den Seminaren widmet. Und dass das nicht immer ein Zuckerschlecken ist, ist wohl auch klar. Der Satz, den man in der Zeit am meisten von ihr zu hören

bekommt, ist wohl: „Meeeeiiine Neeeeervvvvven!",
aber immer mit einem Augenzwinkern. Mit unübertrefflichem Einsatz und Aufbietung aller Kräfte zaubert sie die phantasievollsten Dekorationen, die man sich nur vorstellen kann. Das Beste ist, am Ende des Seminars darf alles mitgenommen werden. Es ist zwar mehr als anstrengend, etwas zu ergattern und gleicht eher einem Ausverkauf, doch es wird immer einfacher, da es mehr und mehr Haushaltslose gibt, die keine Möglichkeiten der Unterbringung mehr haben.
Aber jetzt erst mal auf nach Wien.

-3-
Wien

Allein die Reise dorthin glich einem kleinen Abenteuer. Ein anderer Seminarteilnehmer war so nett und nahm mich in seinem Mini mit inklusive ausgewachsenem Berner Sennenhund! Ich wunderte mich, dass ich überhaupt noch ein Plätzchen fand.

Das Seminar sollte sich in der Nähe von Wien an einem wunderschönen Ort ereignen. In einem Schloss-Hotel, mit sensationellem Blick auf den direkt angrenzenden Kurpark. In diesem blühten gerade die Rosen und verströmten einen gewaltigen Duft. Dieser betörte mich allein schon beim Frühstück auf der Terrasse. Das Buffet wirkte sehr einladend und schaute vielversprechend aus. Ich wollte gerade zuschlagen, als ich Harald bemerkte. Innerlich zuckte ich zusammen und ich spürte wie ich mich verkrampfte, denn ich fühlte mich ertappt. Wobei wusste auch nicht so genau. Mein Gehirn schien auszusetzen. Insgeheim hoffte ich, dass er mich nicht gesehen hatte und versuchte mich in den hinten Ecken des Buffets zu verstecken und vergrub meinen Kopf so tief ich konnte in den Brötchen. Half nichts, denn schon kam er fröhlich auf mich zu und sagte sowas wie „Naaa? Geht's gut?" So bewusst unschuldig, dass ich mich innerlich dachte: Oh Mann, das macht der doch mit Absicht! Ich betete er möge schnell weiterziehen. Es waren noch keine anderen Teilnehmer da und ich war die einzige bislang.

Teils aus Höflichkeit, teils weil ich mir nicht die Schande eingestehen wollte, dass ich im Grunde viel zu feige war und mir gar nicht zutraute mit ihm zu sprechen, folgte ich seiner Einladung mich mit an seinen Tisch zu setzen. Hoffte aber sehr, dass bald die nächten Teilnehmer erscheinen würden, damit ich von inneren Qualen erlöst wäre. Qualen der Gestalt: „Was sage ich jetzt? „Was denkt der wohl?" „Wie komme ich an?" Hmmh... „Guten Morgen" habe ich schon gesagt. „Tolles Wetter !" und „Was für eine schöne Aussicht!" auch schon. Den guten Kaffee könnte ich noch erwähnen oder mich ein bisschen einschmeicheln mit Worten wie, „Ach, was für ein tolles Seminar, ich hab schon so viel gelernt!" Das sollte mir und ihm aber glücklicherweise erspart bleiben, den kurz darauf setzten sich einige Teilnehmer zu uns an den Tisch und ich atmete innerlich erleichtert auf. Gemütlich konnte ich den Gesprächen lauschen und es tat mir gut mitzuerleben, wie unbefangen sie mit Harald umgingen. Ja, das würde ich auch gerne können, gestand ich mir ein. Sie machten alle viele lustige Witze über dies oder das, schoben sich gegenseitig Leckereien in den Mund, machten dazu immer „Mhhhhhhmmm, ist das lecker!" oder „Ahhhhh! – Probier mal!" Eine unterhielt sich mit Harald, als wäre er ein alter Kumpel von ihr, dabei sah sie ihn zum ersten Mal, wie ich später erfuhr. So was hatte ich noch nicht erlebt, so privat und intim mit einem Seminarleiter zu frühstücken, als wären wir alles Freunde. Es berührte mich und entspannte mich auch ein wenig. So fröhlich und liebevoll, wie ich es mit

diesen Menschen, fast noch Fremden, hier erlebte, hatte ich es selten in meiner Kindheit erfahren. Ja! So will ich mich gerne öfter fühlen!
Harald schien keine Grenzen zwischen sich und den Anwesenden zu setzen. Es gab keine Berührungsängste oder Distanzen. Keine Hierarchie. Kein angemessenes Schweigen oder dezentes Nicken, wenn er was sagte. Ein Mensch unter Menschen. Wie ein lieber Papi, der mit den Seinen gemütlich am Sonntagmorgen frühstückt, saß er auf der Terrasse, ermunterte liebevoll diese oder jene Marmelade auszuprobieren, und biss so genüsslich in sein Croissant, dass mir allein bei dem Anblick schon das Wasser im Munde zusammenlief.

Ein Mann fiel mir in der Runde besonders auf, schon allein deshalb, weil er etwas auffälliger gekleidet war. Ich schätzte ihn um die Fünfzig, seine Klamotten waren knallbunt, mit riesigen Blumenmustern, dazu hatte er noch einen rosa Schal umgebunden und völlig verrückte Schuhe mit bunten Socken an, total leuchtende Augen. Halb auf und um ihn drapierte sich derweilen eine junge Frau. Vielleicht seine Freundin? Homosexuell schien er nicht zu sein obwohl ich das im ersten Moment dachte. Mann, immer diese Vorurteile.

Also all diese Eindrücke strömten auf mich ein und ich sog alles in mich auf. Das Seminar nahm seinen Lauf und obwohl der Inhalt sehr interessant und spannend war, war es dieses Mal das Drumherum für mich, das entscheidend für mich war. Es gab reichlich

Gelegenheit für Gespräche – denn an Pausen mangelt es bei Harald Seminaren ja nie – aus gutem Grund, denn so konnte ich mich mit besagtem Mann unterhalten. Dieses Mal machte es mir auch Spass, denn es gab reichlich Gesprächsstoff.

Es stellte sich raus, dass es sich hier um Thomas Müller handelte, der vor kurzem die Organisation für Harald in Süddeutschland übernahm. Wahnsinn! Da ich beruflich bereits viele Veranstaltungen in München und Großraum organisierte, bot ich ihm an behilflich zu sein. Das nahm er gerne an und schlug vor, dass er mich mit nach München nehmen könne, er würde aber erst am Montag zurückkreisen. Na klar wollte ich das! Doch oh Schreck. Am Montag schon wieder arbeiten und wie sollte ich jetzt am Wochenende jemand erreichen? Was würde mein Chef dazu sagen? Ich müsste ihn ja vor vollendete Tatsachen stellen! Trotzdem spürte ich, es wäre gut zu bleiben, denn diese Fahrt versprach sehr spannend zu werden. Allerdings wollte ich meinen damaligen Chef auch nicht anlügen oder krank machen – ich sagte ihm die Wahrheit und es war gar kein Problem!

Das Seminar war dann zu Ende und Gott sei Dank bin ich nicht heimgefahren, denn Harald schlug vor den Abend noch im Prater - dem berühmten Vergnügungspark in Wien – ausklingen zu lassen. Am nächsten Tag durfte ich dann mein Gepäck in den Jeep von Thomy einladen und mitreisen. Erst verbrachten wir noch den halben Tag in Wien zusammen mit der besagten jungen Frau. Einerseits fand ich sie ganz sympathisch, obwohl ich andererseits auch ein wenig neidisch auf sie war. War es doch gerade sie, die auch mit Harald so unkompliziert und vertraut umging, obwohl sie ihn selbst erst ein halbes Jahr kannte, wie ich von ihr erfuhr. Ein Teil in mir wollte auch so sein, vor allem auch so selbstbewusst. Mit ihr wollte ich befreundet sein, aber eher aus rein egoistischen Gründen. Was sie wohl auch bewusst oder unbewusst bemerkte, denn es dauerte Jahre bis wir echte Freunde wurden.

Auf der Fahrt mit Thomy erfuhr ich wirklich abenteuerliche und berührende, fast schon unglaubliche Geschichten. Eine der unglaublichsten ist, wie er überhaupt zu Harald kam und was es für Auswirkungen auf sein Leben hatte. Lesen Sie selbst:

Es fing alles damit an:
Ich war damals noch geschäftsführender Vorstand eines grossen Unternehmens. Ein Unternehmensberater erzählte mir von einem gewissen Herrn Wessbecher und dass er ganz ungewöhnliche Firmen – und Managerseminare anbot. Er war so begeistert und meinte, das wäre unbedingt was für mich. Ich zögerte nicht lange und meldete mich mit Christiane, meiner damaligen Partnerin, für das nächste Seminar an. Das sollte in Cancun, Mexiko stattfinden. Es fing schon mal so an, dass sämtliche Flüge gestrichen wurden und kaum jemand fliegen wollte, denn es war zeitlich

gesehen kurz nach dem 11. September 2001. Dadurch verstärkte sich der Eindruck und das nicht nur bei mir, dass nur die „Unerschrockensten" an dem Seminar teilnahmen. Das zeigte sich auch an der geringen Teilnehmerzahl. Aber es kam noch besser. Dieses Seminar hatte den harmlosen Titel „Freude finden – Leben nach dem Lustprinzip!" doch schon allein die Einführung in das Thema war alles andere als harmlos! Darüber hinweg täuschte auch nicht die auffallend legere Freizeitkleidung von Harald. Weißt, ich war mir zwar dessen voll bewusst, dass es ein Ferienseminar ist, aber dass der Typ in kurzen Shorts mit Hawaiihemd aufkreuzt, hätte ich mir nie träumen lassen. So, und dann legte er voll los. Gleich zu Beginn sprach er fast zwei Stunden über den Tod! Er sprach aber nicht im üblichen Sinne über den Tod. Es ging darum ob wir ein sinnvolles Leben führen, dass uns entspricht und erfüllt. Oder ob es geprägt ist, von Stress, Leistungs- und Zeitdruck, davon, die Erwartungen der anderen zu erfüllen oder von Leichtigkeit und Mühelosigkeit? Ob es sich dafür lohnt zu leben? Ob wir als Kind von so einem Leben geträumt hätten. Was wir mitnehmen würden, wenn wir morgen sterben würden. Hat es uns berührt? Erfüllt? Gehen wir mit vollen Koffern? D.h., haben wir das Leben in vollen Zügen genossen, intensiv gelebt voll Liebe und Freude? Um sich klar zu werden, wo man im Leben steht, könnte man den Tod als Ratgeber oder Berater einladen. Mit ihm in Verbindung treten und eine klare, neutrale Sichtweise einholen. Hat ein Mensch schon lange unwesentlich gelebt, alle

Anzeichen ignoriert, und ändert er trotz immer schwerer werdenden Krankheiten sein Leben nicht, rückt der Tod immer näher. Ist man sensitiv, könne man das ganz deutlich in der Aura wahrnehmen. Und in diesem Seminar ginge es eben darum, sich mit essentiellen Fragen des Lebens auseinander zu setzen, Klarheit zu finden, wo man steht und als Folge, den Tod als Entscheidungshilfe und Berater einladen. Wobei darunter eine Art Zwiegespräch zu verstehen ist, ein innerer Dialog, der möglich ist, wenn man aus der Hast und Eile ausbricht und sich Raum gibt und es beabsichtigt.
„Batsch!" Dieser Einführungsvortrag hat bei mir voll eingeschlagen. Ich bin regelrecht auf meinem Stuhl zusammen gesunken und mit einer erschreckenden Tragweite wurde mir bewusst, wie sehr ich mein Leben verplemperte. Mir war plötzlich alles so klar wie nie zuvor. Wie sehr ich mich den Verpflichtungen und Erwartungen verschrieben hatte. Wie sehr der vermeintliche berufliche Erfolg auch verbunden war mit unglaublichem Stress und Leistungsbewusstsein. Dass ich schon lange keine Freude mehr empfunden habe, geschweige denn mich einfach nur leicht und vergnügt gefühlt habe. Dass ich mir lange Jahre was vorgemacht hatte, denn meine Ehe war alles andere als glücklich, die Freizeitaktivitäten kamen zu kurz und so richtig entspannt und erholt fühlte ich mich nie. Meine Gesundheit war in einem beängstigend schlechten Zustand. Mit 30 hatte ich eine Herzattacke, starke Herz- Kreislaufbeschwerden und zusätzlich eine deformierte Wirbelsäule, sog. Morbus Bechterew.

Außerdem nahm ich starke Medikamente zu mir. All dies lief wie ein Film vor meinem Auge ab, als Harald im vorbeigehen etwas Ähnliches wie: Ja, der Tod steht sehr dicht hinter dir, aber keine Sorge alles ist jederzeit änderbar und umkehrbar, wenn man entschieden ist und entsprechend handelt!
Gequält mit dem letzten bisschen Galgenhumor antwortete ich: Eine Scheidung allein reicht wohl nicht aus, oder? Denn ich lebte zwar schon lange getrennt, aber geschieden war ich damals noch nicht.
Um es kurz zu machen, dieses Seminar veranlasste mich dazu mein Leben grundlegend zu verändern. Es ging zwar nicht von heute auf morgen, aber ich war doch sehr konsequent. Das ist jetzt schon ein paar Jahre her. Es liegt kein Stein mehr auf dem anderen und ich lebe ein komplett anderes Leben.
Ich weiß jetzt, was Lebensfreude bedeutet und habe echte Lebensqualität gefunden. Im Nachhinein kann ich sagen, ich habe früher nie gelebt. Jetzt erst beginne ich zu fühlen was Liebe und Freude bedeutet, dass das Leben kostbar ist und ein Geschenk.

Gebannt hing ich an seinen Lippen. Unglaublich. Ich freute mich sehr darüber, dass er anscheinend so viel Vertrauen zu mir hatte und mich daran teilhaben ließ.

„Es kommt noch besser!", sagte er.
Von einem ganz außergewöhnlichen Mann, der ist eine Geschichte für sich, erfuhr ich über den magischen Würfel!

Magischer Würfel?

Ja, ganz genau.
Also zu Beginn ist es ein ganz normaler Würfel aus dem Spielwarenladen. Aber dann beginnst du ihn zu prägen folgendermaßen: Die ungeraden Zahlen, sprich 1,3,5 bedeuten nein, wobei 5 die höchste Intensität hat und 1 bei eher nein anzusiedeln ist. 2,4,6 stehen für ja. Und die 6 bedeutet auch hier wieder ein Absolutes Ja und 2 ist eher ein schwaches ja.
Dann triffst du die Entscheidung, von jetzt an nur noch zu würfeln. Damit kannst du deine Geschichte austricksen und deinem Wesen näher kommen. Denn durch deine übliche Art zu handeln hat man schon so was wie eine Alltagsblindheit und kommt nur schwer auf neue Ideen oder was anderes auszuprobieren. Die Routine soll jetzt der Würfel brechen. Du sitzt z.B. in einem Cafe und fragst: Soll ich einen Cappuccino trinken und würfelst eine 3, nein, einen Apfelstrudel? 5, auf gar keinen Fall. Vielleicht nur einen kleinen Salat: 4! Und dann hältst Du Dich natürlich auch daran. Das ist jetzt ein Beispiel mit übersichtlichen Konsequenzen. Ich wollte es genau wissen und beschloss eine Würfelreise zu machen. D.h. Jeden Tag würfelte ich, ob ich an dem Ort bleiben sollte, mehr Richtung Süden, zum Flughafen fahren oder ähnliches. Eine Woche hatte ich dafür reserviert. Und dadurch kam ich an die ungewöhnlichsten Orte. Nicht immer war es für mich klar nachvollziehbar oder immer wunderschön – aber der Punkt war der: Aus der Geschichte heraus hätte ich nie so gehandelt und hätte in manchem Hotel nie

übernachtet! Nach ein paar Tagen führte mich der Würfel in Richtung Bayern. Da wohnte ein guter Bekannter von mir. Aha, überlegte ich, den soll ich also besuchen? Der Würfel war dafür! Ich rief gleich bei ihm an und noch bevor ich was sagen konnte, sagte er: Thomas gut rufst du an. Ich hab dir doch schon mal von dem verrückten Brasilianer erzählt. Stell Dir vor, der ist da und morgen findet ein Workshop mit ihm statt. Ich würfelte eine 6 auf die Frage ob ich da hin sollte. Er riet mir direkt seine Dolmetscherin anzurufen, denn es sei schon ausgebucht. So habe ich auch damals Christine Stähler, seine jetzige Lebenspartnerin, kennen gelernt. Sie hatte noch ein Plätzchen für mich frei. In diesem Workshop erzählte Thomaz Green Morton also seine spannende Lebensgeschichte und zeigte kurz ein paar Phänomene. Im Anschluss folgte seine berühmte Mentalisation. Als ich gerade den Saal verlassen wollte, begegnete ich ihm. Noch während der Verabschiedung nahm er mich liebevoll in den Arm und klopfte kräftig auf meine Wirbelsäule. Na so was! Was für ein grober Kerl! Der muss doch sehen, dass ich ein Rückenleiden habe. Doch dann in dem Moment knackte und knirschte es und ich konnte wieder meinen Hals drehen, was ich vorher nicht konnte. Von da an wurde Stück für Stück auch mein Rücken besser. Es ist noch nicht ganz optimal, aber im Vergleich zu vorher liegen Welten dazwischen.

Die Geschichte war so unglaublich, dass ich gar nichts sagen konnte. Sie berührte mich so sehr, dass mir die Tränen liefen.

„Diesen Mann müssen mehr Menschen kennen lernen und so sprach ich mit Christine, ob ich ihn denn nicht organisieren könnte. Sie sprach mit Thomaz und er sagte nur, dazu muss er erst meine Arbeit kennen lernen. Er soll nach Brasilien kommen und sich energetisieren lassen. Der Preis hierfür betrug damals 5.000 Euro! Ein stolzer Preis. Mein Ego rebellierte extrem. Doch dann besann ich mich und eines war mir sonnenklar. Hätte mich damals mein Arzt gefragt, ob ich bereit wäre 5.000 Euro zu bezahlen damit es mir besser geht, hätte ich keinen Augenblick gezögert und sofort ja gesagt. Für meine Gesundheit hätte ich noch viel mehr ausgegeben. Mensch, und da wurde ich plötzlich kleinlich.
So flog ich kurz darauf mit zwei Freundinnen nach Brasilien und was dort passierte, ist schier unglaublich!

Ich will jetzt aber nicht vorweg greifen. Du fährst ja selbst bald hin und dort wirst du ihn persönlich erleben!"

Ach Menno! Immer wenn es am spannendsten ist!
Er ließ sich erweichen und zeigte mir noch ein paar außergewöhnliche Schmuckstücke, die er unter dem Hemd trug.

„Diesen Kristall z.B. hat Thomaz nur aus einem Eiswürfel transformiert und diese Münzen, sind zwei ganz übliche Münzen. Im Bruchteil einer Sekunde hat er Energie übertragen und sie haben sich ineinander

geschlungen. Leider passte die Lederschnur zum Umhängen nicht durch, so hat er gesagt, ich soll die Münzen in meine Hand nehmen, die Schnur dazu legen und die Hand schließen. Er übertrug Energie und dann war die Schnur eingefädelt."

Unglaublich!

Noch Unglaublicheres über Thomaz Green Morton erfahren Sie im nachfolgenden Kapitel. Den Bericht hat Christine, die Frau von Thomaz verfasst und gibt ein umfangreiches Bild über ihn und seine Fähigkeiten.

-4-
Thomáz Green Morton

Mensch der Zukunft – von Christine Stähler

RA! *Mit einem Schrei aktiviert Thomáz Green Morton Energien, die sich zu Materie formen, Entwicklungsprozesse beschleunigen, Sekt in Senf verwandeln oder Autos den Berg hinauf rollen lassen. Der Brasilianer zeigt auf eine lustige Art, wozu der Mensch fähig ist, wenn er sein volles Potential lebt.*

Das erste, was mir auffiel als ich Thomáz Green Morton ins Gesicht schaute, war die dunkelrote Wölbung auf seiner Stirn. Das, was sich die meisten Menschen nur mental vorstellen, das tritt bei ihm ganz deutlich hervor: Das dritte Auge. Hier zentrieren sich die Energien, die er einsetzt, um alle nur denkbaren Dinge zu materialisieren, Parfüm aus der Hand tropfen zu lassen, weit entfernte Gegenstände vor Ort zu transportieren, tonnenschwere Statuen schwebend die Treppe hinauf zu befördern oder um Batterien per Hand aufzuladen.

Nur wenige Europäer kennen ihn, in Brasilien spaltet er die Nation. Die Fähigkeiten, die Thomáz jeden Tag einsetzt, um Menschen davon zu überzeugen, dass es noch andere Dinge gibt zwischen Himmel und Erde, sind so unglaublich, dass viele sie für Humbug erklären wollen. Andere dagegen haben sich in eigner Sache davon überzeugt und arbeiten mit ihm in wissenschaftlichen Projekten zusammen wie die NASA.

Als der im Rollstuhl sitzende Uni-Professor Dr. Josef Fainberg von seiner Tochter zu ihm gebracht wurde- unwillig , aber es war seine letzte Chance - nahm Thomáz als erstes einen Tierknochen in die Hand, brach ihn in zwei Teile, legte diese auf den Tisch, hielt die Hand drüber, aktivierte positive Energien höchster Potenz mit seinem Ausschrei „Rá" und der Knochen setzte sich vor den Augen des Professors zum ursprünglichen Knochen wieder zusammen. Der Professor reagierte gelangweilt und sagte „ Ich komme gegen meinen Willen und du bist sowieso nur ein Scharlatan, aber meine medizinischen Kollegen geben mir keine Hoffnung mehr, so bin ich hier." Unbeirrt betäubte Thomáz den Rücken des Professors lokal und ließ den Teil der Wirbelsäule, der medizinisch entfernt worden war, wieder wachsen. Da weinte der ungläubige Professor vor Freude und Dankbarkeit und ist seitdem ein begeisterter Befürworter von Thomáz.

Erstaunlich ist auch Thomáz Fähigkeit, Entwicklungs- und Reifeprozesse zu beschleunigen bzw. zu verlangsamen. Durch gezieltes Einwirken kann er ganz offensichtlich jeden Ablauf entlang der Zeitlinie in einer beliebigen Reihenfolge gestalten. Als ich ihn auf meiner 2jährigen Weltreise auf eine Empfehlung , von Dr. Getje Lathan vom Nathal-Institut in Fischbachau hin besuchte, nahm er ein befruchtetes Ei in die Hand, entfernte die Schale, hielt die andere Hand darüber, aktivierte die Energien und ich konnte zuschauen, wie aus dem befruchteten Eigelb innerhalb von 5 Minuten zuerst ein Embryo und dann ein lebensfähiges Küken wuchs. Eine Henne braucht für das Ausbrüten 21 Tage! Und nicht nur das: Kaum war das Küken „geschlüpft", ließ Thomáz es wieder zurück in einen Embryo und in das befruchtete Ei verwandeln.

Unbeschreiblich ist das Gefühl, das ich beim Zuschauen hatte, eine Mischung aus ungläubigem Staunen und kaum ausdrückbarer absoluter Freude. Als er dann einen alten verschrumpelten Apfel in einen prallen, appetitlichen und dann in den unreifen Zustand zurückführte, war meine Begeisterung groß. Es ist ein außergewöhnlich schönes Erlebnis so etwas aus nächster Nähe, zweifelsfrei beobachten zu können. Thomáz setzt mit seiner mentalen Stärke sämtliche Gesetze der Wissenschaft außer Kraft. Etwas, das ich einige Monate später beim Besuch des Dalai Lama und Sai Babas in Indien (mehr darüber in späteren Artikeln) wieder erfahren durfte.

Thomáz lebt in dem kleinen Ort Pouso Alegre in der Nähe von Sao Paulo. Gäste empfängt er meist abends ab 17.00 Uhr. Stets hat er eine Gruppe von Menschen um sich herum, die von ihm geheilt werden will, zusammen mit ihm Neues schafft oder zur Förderung des Weltfriedens meditiert. Neben Steven Spielberg und verschiedenen brasilianischen Ministern gehört auch Shirley McLaine zu seinen Bewunderern.

Mit viel Humor geht Thomáz auf die Probleme und Charakterschwächen seiner Besucher ein. Wer nur als Schaulustiger dorthin kommt, dem wird unmissverständlich gezeigt, dass er davon nichts hält. Solche Menschen lässt er gnadenlos im Regen stehen, dann verbiegt er weder Messer noch lässt er bunte

Lichter um sich herum tanzen. Benimmt sich jemand daneben, dann verwandelt Thomáz schnurstracks seinen Wein in Senf oder lässt arrogante Besserwisser über blitzschnell materialisierte Hindernisse in den Swimmingpool stolpern.
Wer jedoch ernsthaftes Interesse zeigt, wird belohnt. Die französische Journalistin Lynette Lucas, die ein Buch über Thomáz veröffentlichte, brachte das von ihm mental bearbeitete Parfüm Chanel 5 nach Paris zurück und übergab es dem „eigentlichen" Hersteller Chanel. Völlig überrascht über den hohen Reinheitsgrad hat ein Unternehmensvertreter nach Angaben der Journalistin ausgerufen: „Wir erreichen nicht halb so gute Qualität." Überhaupt lässt Thomáz oft von seinen Fingern Parfüm fließen, das auch mehrere Monate später intensiv duftet. Dabei entsteht zeitgleich an jedem Finger eine andere Duftnote!
Lynette Lucas berichtet auch davon, dass Thomáz einen tiefgefrorenen Vogel durch Konzentration wiederbelebte, indem er das Eis schmolz. Langsam erholte sich dieser und flog dann lebendig zwitschernd davon.
Dass Thomáz Gedanken lesen kann, erstaunte mich nach all dem, was ich sah und erzählt bekam, nicht mehr. Mit einer langen Liste an Fragen war ich zu ihm gekommen. Ohne dass ich sie auszusprechen brauchte, beantwortete er mir alle und erzählte bereitwillig aus seinem Leben, wie alles begann....
Als Sohn eines Apothekers wurde Thomáz 1947 in Pouso Alegre geboren. Bis zu seinem 12. Lebensjahr schien ihn nichts von anderen Kindern zu

unterscheiden. Er war jedoch auffallend intelligent und begann mit 7 Jahren in der Apotheke seines Vaters zu arbeiten. Bereits mit 10 Jahren konnte er seinen Vater in allen Handlungen ersetzen. Dann mit zwölf geschah das Unerwartete. Als er an seinem Geburtstag im Nachbarort Faisquiera fischen ging, wurde seine Angelroute von einem Blitzschlag getroffen. Thomáz wurde zurück und in die Luft geschleudert. Als sein Körper auf den Boden prallte, levitierte dieser und er wurde von Lichtern bestrahlt, die einer dunklen Wolke über seinem Kopf entsprangen.

Der junge Brasilianer hörte eine Stimme, die zu ihm sagte: „Thomáz, verschiedene Kräfte beschützen dich. Von jetzt an hast du starke mentale Kräfte. Du wirst Menschen heilen und ihnen bei verschiedenen Problemen helfen. Du wirst unerklärliche Dinge vollbringen, aber du kannst diese Kraft nicht zu deinem eigenen Vorteil nutzen. Die verkohlte Angelroute bringt dich in Synchronisation mit allen kosmischen und göttlichen Kräften, wodurch du eine starke mentale und spirituelle Strömung formen wirst."

Von da an wusste der junge Green Morton schon im Voraus, was die Patienten seines Vaters an Arzneien bestellen würden. Stunden bevor sie die Apotheke betraten, stellte er die Order zusammen und konnte weiterhelfen, wenn die Patienten vergessen hatten, was sie kaufen wollten. Es dauerte nicht lange, bis die Patienten von ihm Bandagen angelegt haben wollten, denn dann heilten die Wunden schneller. Er verabreichte Spritzen, die schmerzlos waren. Arzneimittel, die er berührte und zusammenmischte,

hatten eine deutlich stärkere Heilwirkung als sonst üblich. Abgesehen davon strahlte der stets gut gelaunte junge Mann extrem viel Energie und Optimismus aus, die Kraft und Vertrauen in den Menschen weckten.
Im Laufe der Zeit traten seine verschiedenen Fähigkeiten zum Vorschein. Sie beinhalten Telepathie, Apportation, das Materialisieren, die Transmutation und Transformation. Zu seinen Charakteristika entwickelte sich die Produktion von Düften in der Luft. Der heilende Duft durchzieht alle im Raum vorhandenen Gegenstände und verflüchtigt sich nicht (ich besitze ein immer gleich duftendes Buch).
Als sich mit 33 Jahren, wie von ihm vorausgesagt, die Energieanreicherung durch verschiedene Lichtenergien aus einer Wolke wiederholte, ging Thomáz aus diesem Erlebnis mit der roten Wölbung, dem Dritten Auge, auf der Stirn hervor. Das Ereignis gab ihm einen weiteren Entwicklungsschub. Von da an begann er mit der Psycho-Chirurgie und der verstärkten Übertragung dieser allumfassenden, heilenden Energien auf Menschen, die dafür offen sind. Er heilt Augenleiden, indem er ohne technische Hilfsmittel das Auge mit den Fingern aus der Höhlung herausnimmt, dreimal kräftig raufpuckt und dann wieder einsetzt. Manchmal begibt er sich des Nachts mental in ein Krankenhaus, legt sich in ein freies Bett, lässt den Heilenergien freien Lauf und am nächsten Tag gehen die Patienten zum Erstaunen der Ärzte geheilt nach Hause. Thomáz dematerialisiert Tumore, heilt blitzschnell komplizierte Knochenbrüche und erweckt tote Zellen zum Leben.

Im Prinzip gibt es auf diesem Gebiet nichts, was er nicht könnte.
Als seine bedeutendste Fähigkeit bezeichnet Green Morton die Tatsache, dass er mit seinen Aktivitäten den Glauben der Menschen stärkt. Er bezeichnet sich weder als Meister noch tritt er als Guru auf. Eine Gefolgschaft gibt es nicht. Er arbeitet außerhalb religiöser Systeme. Trotzdem beinhaltet seine Lebensweise, ermöglichen seine Worte und Aktivitäten, so banal und kontrovers sie erscheinen mögen, tiefe Einsichten in das kosmische intuitive Wissen. Ziel seiner Tätigkeit ist es, den Menschen zu helfen, in absoluter Harmonie mit den göttlichen kosmischen Kräften zu leben.
Thomáz ist ein quirliger Brasilianer, der nicht lange still sitzen kann. Wie ein Wirbelwind fegt er durch den Raum und aktiviert immer wieder kosmische Energien mit seinem „Rá". So mancher Besucher kann seine Schönheit durch den Schleier der Verblendung hindurch nicht sehen und geht enttäuscht nach Hause, weil er sich ein derartiges Genie ganz anders vorgestellt hat. Dank der Nathal-Ausbildung (siehe Esotera Nr.12/02), die ich vor meiner Weltreise absolviert habe, erlangte ich die Fähigkeit, mit solch hohen Energie-Frequenzen tatsächlich in Kontakt zu treten. Durch das Einstellen auf seine Frequenzen war es mir möglich, nicht nur exakt zu fühlen und zu erkennen, was für eine Kraft in ihm steckt (ich musste mich danach einige Minuten zurückziehen, um mit dieser Power klar zu kommen, die ich als Stromschübe

mehrerer tausend Volt empfand) auch Thomáz hatte es leichter mir entsprechende Energien zu übertragen.
Vor meinem Besuch bei Thomáz ließ ich mich von verschiedenen bolivianischen, peruanischen und chilenischen Schamanen behandeln. Bei keinem verspürte ich eine derartige Power und erhielt einen derartigen Energieschub wie bei Thomáz. Später auf meiner Reise lernte ich asiatische Schamanen, den Dalai Lama, den Karmapa, Sai Baba, Amma und Maitreya kennen. Jeder dieser „Energie-Giganten" ist auf seine/ihre Art und Weise einzigartig. Niemand offenbart eine so große Palette an Fähigkeiten wie Thomáz. Es scheint seine besondere Aufgabe zu sein, den Glauben der Menschen an sich selbst durch eine so große Bandbreite an gezeigten Möglichkeiten zu stärken und ihnen zu helfen.

So traf ich einen Polizisten, der seine Familienprobleme in den Griff bekam, nachdem Thomáz das Blut des Polizisten in einen Geldschein hinein materialisierte. Die folgende Labor-Untersuchung bestätigte, dass es tatsächlich das Blut des Polizisten war. Vor einer staunenden Menschenmenge ließ Green Morton am Strand von Joao Pessoa die Wellen vom Strand weg in Richtung Afrika zurückfließen. Sein Auto steuert Thomáz mit 180 Sachen auf ungewöhnliche Art über die Autobahn: mental vom Rücksitz aus. Ein Flugzeug-Pilot fiel fast in Ohnmacht als Thomáz ihn am Ausgang begrüßte. Auf dem Flug nach Rio wurde es Green Morton im Flugzeug zu langweilig und er bewegte sich mental ans Ziel. Die verzweifelte Stewardess suchte ihn vergeblich unter den Passagieren und keiner verstand, wie er sich einfach so hatte verflüchtigen können.

Natürlich ist auch die Wissenschaft auf Thomáz aufmerksam geworden. Nicht nur, dass Wissenschaftler seine „paranormalen" Fähigkeiten untersuchen. Auch an Zukunftsprojekten ist er beteiligt. So arbeitet er zusammen mit der deutschen DenkLabs GmbH in Fischbachau (Geschäftsführer Dr. Philippe Evrard kennt ihn seit 14 Jahren) an der Entwicklung einer neuen Reissorte, die durch ihn aktiviert wesentlich mehr Nährstoffe beinhaltet, schadstoffresistent ist und das Entstehen von Krankheiten im Voraus ausschließt. Dass Thomáz biologische Abläufe beeinflussen kann, beweisen nicht nur die oben genannten Beispiele mit dem Küken und dem Apfel. Nachdem sein Freund Francisco nach seinen Anweisungen in die Spalte eines Eiswürfels ein Maiskorn und Erde hineinsetzte, konzentrierte sich Green Morton auf den Mais und unmittelbar danach kamen 10 cm hohe grüne Stängel zum Vorschein. Nachts - alles war inzwischen im Kühlschrank verstaut – wuchs der Mais so sehr, dass die Kühlschranktür von innen aufplatzte! Der Mais war überdimensional groß und kräftig.

Wie funktioniert das alles? „Auf meinen Befehl hin", lacht Thomáz. Dr. Darcy erzählt mir von einem Ereignis mit Green Morton, wo er das deutlich erkannte. Als beide zusammen essen gingen, bat Thomáz Dr. Darcy, ein Stück Fleisch in der Hand zu halten und er konzentrierte sich darauf. Dr. Darcy öffnete die Hand: das Fleisch war verschwunden und stattdessen lag eine Heuschrecke mit 2 gebrochenen Beinen zwischen seinen Fingern. Gebrochen waren die Beine, weil Dr. Darcy seine Hände zu fest gedrückt hielt. Abermals konzentrierte sich Thomáz und die Beine der Grille waren wieder heil. Wieder zuhause, verwandelte Thomáz die Heuschrecke auf Wunsch eines Freundes in einen Nachtfalter und wieder zurück in die Heuschrecke. Dann erteilte der Brasilianer den Befehl, bei der nächsten Umwandlung solle eine Spur der vergangenen Ereignisse sichtbar sein. Aus der Heuschrecke entstand das ursprüngliche Stück Fleisch mit zwei Beinen, dem einer Heuschrecke und dem eines Nachtfalters.

Auch mit der Industrie könnte Thomáz kooperieren. Es fällt ihm leicht, eine neue Stahllegierung zu kreieren. Schließlich hat er dem skeptischen Rechtsanwalt Luccesi bereits ein Stück Metall in eine Silberkette verwandelt. Als Thomáz ihm befahl seinen goldenen Ehering dazuzulegen und beides in der geschlossenen Hand zu halten, verwandelte er die Silberkette in eine Goldkette. Eine Expertise bestätigte 14 Karat!
Christine Stähler

Zitat: „Thomáz Green Morton beeindruckt durch seine ungewöhnlich natürliche Art mit allem umzugehen. Er zeigt immer wieder, dass sich außergewöhnliche

Fähigkeiten mit einer einfachen, bodenständigen Art vereinbaren lassen. Sein vorbildlicher, geduldiger Umgang mit Skeptikern sowie seine große Anteilnahme an Menschen, die eine schmerzhafte Phase durchleben, lassen seinen großzügigen Charakter erkennen. Unerwähnt und diskret hilft Thomáz in unzähligen Fällen, die selten in der Öffentlichkeit erwähnt werden. Der Umfang seiner Fähigkeiten zeigt, was für eine Vielzahl latenter Möglichkeiten im Menschen stecken, die darauf warten geweckt zu werden. Thomáz lebt schon heute so, wie unsere Nachkommen einmal leben werden."

Dr. Philippe Evrard, Geschäftsführer der DenkLabs GmbH kennt Thomáz seit 1988 und arbeitet mit ihm in wissenschaftlichen Projekten zusammen.

Die positive Mentalisation:

Wichtiger Bestandteil der Arbeit von Thomaz Green Morton ist die positive Mentalisation. Sie ist seine Lehre und Methode, um in Einklang mit der reinen, göttlichen, kosmischen, universellen Energie zu treten. Es ist diese Energie, die alle Phänomene und Fähigkeiten in ihm hervorbringt. Jeder Mensch trägt diese Energie in sich, hat aber die Verbindung dazu verloren. Mit Hilfe der Positiven Mentalisation treten wir wieder in Kontakt mit dieser Urkraft und können ständig im Gleichgewicht mit ihr Leben – zum Wohle aller Menschen und für den Weltfrieden!

Jeden Tag um 18.00 Uhr brasilianischer Zeit, überträgt Thomaz mit seinem „Ra" positive Energien an alle, die an der Mentalisation teilnehmen. Es ist ein Zeitraum von etwa 40 Minuten, in dem sich Thomaz in tiefster Konzentration befindet und positive, engergiespendende Vibrationen aussendet. Halte dabei ein Stück energetisiertes Metall in Kontakt mit Deiner Haut oder einem anderen Gegenstand aus Metall, denn Metall ist ein guter Leiter positiver Energie. Richte Deine Gedanken auf Thomaz Green Morton als energiespendender Pol. Stelle Dir im Geiste das Problem gelöst oder den Kranken geheilt vor, mit absoluter Überzeugung. So materialisierst Du die Gesundung und die Lösung aller Probleme. Thomaz spricht in der Regel folgenden Text mit unwesentlichen Abweichungen. Die Mentalisation ist auf CD erhältlich.

Lasst uns mit der Mentalisation beginnen und auf die besonderen und positiven Momente in unserem Leben zurückblicken. Lasst uns in Synchronisation treten mit allen Elementen der Natur, lasst uns Harmonie, Liebe und Frieden fühlen. Wir stimmen uns ein auf die positive Mentalisation. Lasst uns unsere Herzen und unseren Geist öffnen, damit alle negativen Gefühle, Hass, Aggressionen, Beleidigungen, Trauer und alles, was uns sonst noch negativ beeinflusst, hinaus fließen kann. Dann lasst Liebe, Frieden, Verzeihen, Freude, Spaß und Harmonie in unsere Herzen und unseren Geist einziehen.

Fühle die Gegenwart Gottes in der Luft, die Du einatmest, in jedem Atemzug, in jedem Herzschlag, im Wind, der weht, im Regen, der fällt, im Grün der Pflanzen, in den Farben der Pflanzen, im Duft der Pflanzen, im keimenden Samen, in der wachsenden Pflanze, in der sich öffnenden Rosenknospe, im ausgeglichenen Flug der Vögel, im Gesang der Vögel, im Morgentau, im Sonnenaufgang, in der Abenddämmerung, im Sonnenstrahl, im Mondenschein und im strahlenden Glanz der Sterne. Fühle die Präsenz Gottes in der ganzen Natur, im ganzen Universum, am Anfang und am Ende, im Mikro- und im Makrokosmos, in der Begrenztheit und Unend-lichkeit, in jeder Träne, in jedem Blick und in jedem Lächeln. In jedem Lachen eines Kindes, in der gefühlvollen Träne, im Rauschen der Wellen, im Geflüster des Wasserfalls,

im reißenden Strom des Flusses und im Sonnenuntergang. In der Hand, die Dir ein Freund reicht, überall und in jedem Moment. In jeder Zelle Deines Körpers. In Dir selbst.

Danke Gott für Deine perfekten, gesunden, ausgeglichenen und starken Organe. Deine physische und psychische Ausgeglichenheit. Für Deinen Körper, Deine Gedanken und Deinen Geist. Für die Möglichkeit zu fühlen, für Deine Existenz, für die Fähigkeit zu danken.

Wiederhole mental: Ich verbinde mich mental mit allen Energien, mit allen mentalen, spirituellen und universellen Kräften. Mit der kosmischen Energie, mit allen Energien der Natur. Aus dem Unendlichen, von allen Planeten, aus allen Galaxien, mit allen göttlichen Kräften werden alle meine Probleme gelöst, alle meine physischen Disharmonien, die mentalen, geistigen, energetischen, psychosomatischen, emotionalen, organischen, psychologischen, metabolischen, hormonalen, endokrinen, genetischen und materiellen.

Wiederhole: Während dieser Mentalisation konzentriere ich mich mit aller Kraft meines Geistes darauf, vital, lebendig, und voller Energie zu sein. Durch die Mentalisation regeneriere ich, bin ich ausgeglichen, befreit, geheilt, ruhig und gestärkt. Die Mentalisation stärkt meinen Körper, meinen Geist und meine Seele. Ich kann alles mit der Hilfe Gottes. Er gibt mir Kraft. Ich bin mit Gott. Gott ist mit mir. Er ist da, in mir. Deshalb bin ich ein Sieger. Jeden Tag, jeden Moment fühle ich mich besser. Mental bewirke ich, dass all diejenigen, die in diesem Moment in Konzentration, Meditation, Mentalisation, im Gebet oder in einer positiven geistigen Haltung sind, sich mit mir jetzt mental verbinden. Wiederhole immer wieder geistig: Ich werde glücklich sein. Ich bin glücklich. Mir fehlt es an nichts. Ich werde immer gesund sein. Ich bin gesund. Ich werde alle meine Wünsche realisieren. Ich bin stark, voller Kraft und glücklich. Nichts kann mich beeinflussen. Nichts beeinflusst mich. Nichts hält mich davon ab, den Weg zu gehen, den ich gehen will. Ich kann es, ich wünsche es mir und ich tue es. Ich tue es mit der Hilfe Gottes. Materialisiere Phänomene von Frieden, Gesundheit, Sicherheit, Vertrauen, Ruhe, Ausgeglichenheit, Harmonie, Stabilität und Wohl-befinden. Atme tief ein.

Nun lasst uns eine Mentalisation für all diejenigen durchführen, die krank sind oder Probleme haben. Denn diese Mentalisation kann helfen, diese Probleme positiv zu lösen. Wenn Du einen Verwandten oder Freund mit Problemen hast, mentalisiere und visualisiere diesen Menschen bei voller Gesundheit. Er ist stabil und gut drauf, alle seine Probleme sind positiv gelöst. Jetzt wiederhole mental: Ich mentalisiere (stelle mir vor) das Ende jeglichen Schmerzes, die Dematerialisierung aller

Tumore, aller Krebszellen und Viren. Ich mentalisiere die Heilung aller Verletzungen und Wunden, die Regeneration aller Gewebe, Verwandlung aller kranken und bösartigen Zellen in starke und gesunde Zellen, die ganzheitliche Heilung aller Krankheiten und die positive Lösung aller Probleme. Ich mentalisiere Frieden auf Erden und kontinuierliches Wachstum unseres Glaubens an Gott. Ich mentalisiere die Umwandlung von Hass in Liebe, von Krieg in Frieden, von Krankheit in Gesundheit, das Schlechte in das Gute, Schwäche in Stärke, Unglaube in Glaube. Für eine bessere Welt! Für ein besseres Leben! Damit wir bessere Menschen werden, Tag für Tag und in jedem Moment. Atme tief ein....

Um diese Mentalisation zu beenden, habe ich einen besonders energetisierenden Gedanken für all diejenigen, die hier anwesend sind und für all diejenigen, die mental verbunden sind. Und für alle Menschen, die bewusst oder unbewusst an dieser Mentalisation teilnehmen. Für die gesamte Menschheit. Wenn ich mit dem Wort Rá die positive Energie frei setze, dann atme tief ein, halte die Luft einige Zeit an und atme dann langsam aus. Beim Einatmen wiederhole mental: Gesundheit dringt in meinen Körper ein, ich absorbiere alle heilenden, ausgleichenden, problemlösenden und positiven Energien. Wenn Du die Luft anhältst, sprich mental: Mein ganzes Sein wird erneuert, alle meine Organe stabilisieren sich, werden belebt und

erneuert.
Alles wird gut. Beim Ausatmen sprich mental: Ich eliminiere alles Negative, jede Krankheit und alles, was mich negativ beeinflusst. Ich eleminiere alle negative Energie. Das Wort Rá setzt positive Energie frei. Es bedeutet und beinhaltet Gesundheit, Frieden, Kraft, Liebe, Verbundenheit und Glaube. Es ist ein Gruß, ein kosmischer Gruß. Es bedeutet nur das Beste für Dich, viel Freude, Gesundheit, Frieden, Kraft, Glück, Ausgeglichenheit, Harmonie, Danke für alles, sei willkommen, viel positive Energie. Verweile in Frieden, verweile in Gott, möge Gott mit Dir sein, sei glücklich. Rá bedeutet die Vereinigung von allem Guten, alle positive Energie.

Durch Konzentration erreiche ich, dass diese Mentalisation heilend, durchdringend und materialisierend wirkt: Po-si-tiv. RÁ.

Ich danke Gott, ich danke meinen Freunden, mit denen ich durch das Rá verbunden bin. Ich danke den kosmischen, reinen, göttlichen und universellen Energien. Ich danke Gott für so viele Zeichen, für so viel Licht, für so viel Essenz, für so viel Präsenz, für soviel Schönheit, für so viele Antworten und Bestätigungen. Danke Gott für alles, was ich habe, für alles, was wir haben. Danke Gott für alles, was mir gegeben wird, was uns gegeben wird. Für alle Geschenke, unsere Begabungen, unsere Qualitäten. Dafür, dass ich danken kann.

Ich bitte Dich Gott um Deinen Segen, dass Du uns alle segnest, alle, die bewusst und unbewusst hier sind. Ich bitte Dich Gott, lass Dein Licht auf uns scheinen, auf dass es unsere Welt erhellt. Ich bitte Dich Gott, dass alle unsere Freunde und die gesamte Menschheit durch diese Mentalisation die nötige Energie für die physische und geistige Ausgeglichenheit erhalten, so dass ein jeder zur Stütze, zum Pfeiler dieser kosmischen Energie wird und auf seinem Weg Gesundheit, Frieden und Liebe verbreitet. Auf dass der Samen der Mentalisation kontinuierlich weiter keimt, befruchtet, wächst und viele Früchte trägt. Auf dass Dein Frieden, Deine Rá-Liebe und Dein Licht in aller Ewigkeit präsent ist. E-wig-lich. Rá.

-5a-
Brasilien – Eintauchen in die Ebene II – Die Stimme des Herzens hören
Oder grab tief, wirf weit!

Es ist soweit. Endlich. Total aufgeregt und gespannt sitze ich nun mit Barbara, meiner Schwester, im Flieger nach Brasilien. Nicht nur, dass wir endlich mal wieder gemeinsam etwas unternehmen, es versprach sehr außergewöhnlich und abenteuerlich zu werden. Was uns wohl erwarten würde? Allein schon der Seminarprospekt klang äußerst vielversprechend:

„In diesem Seminar lernen wir einfache, praktische Übungen, durch die wir uns von unserem Alltagsbewusstsein lösen und die Grenzen unserer geschichtlichen, wachbewussten Persönlichkeit verlassen können. Damit lässt sich unsere Wahrnehmung bewusst nach innen auf unsere raum- und zeitlose Ebene II richten und wir erhalten von dort Führung, Antworten auf wichtige Fragen, Lösungen zu Problemen und Heilung für Körper und Geist. Die Impulse der Ebene II sind frei von üblichen Bewertungen, frei von moralischen, ethischen, religiösen und sonstigen Bindungen und beruhen auf einem tiefen, ganzheitlichen Verständnis der Wirklichkeit. Die Trancequelle Harald II wird dieses Seminar begleiten und den Prozess des Eintauchens in die Ebene II unterstützen."

„Im Anschluss an das Seminar besteht die Möglichkeit eines Besuchs bei Thomaz Green Morton. Gruppenenergetisierung bedeutet, Thomaz energetisiert die Menschen im Rahmen der Mentalisation und über eine Reihe von energetischen Phänomenen. Er verbindet

sich mit jedem Einzelnen und lässt dabei Energien fließen, die Metall verbiegen, zersplitterte Knochen zusammenwachsen, Parfum aus seinen Händen tropfen, tonnenschwere Gegenstände schweben lassen kann u.v.m."

"Das Wichtigste für Thomaz ist die Therapie. Er macht die Phänomene, um Geist und Herz der Menschen für die Liebe zu öffnen. Denn gleichzeitig überträgt er Energie, um Blockaden zu lösen, Denkweisen zu verändern und physische und psychische Probleme lösen zu helfen. Er macht keine „Phänomene-Show", sondern verfolgt ausschließlich einen tieferen Sinn."

Wir hatten zwar schon alte Seminar Mitschnitte gehört, auf denen Harald II sprach, und wussten, Harald II ist die Trancequelle von Harald. Aber wie das in der Praxis aussieht, wussten wir nicht. Ungeduldig fieberten wir darauf hin, dass das Seminar bald anfängt. Aber erst mussten wir ja mal landen, drei Stunden Bus fahren, das Zimmer beziehen, im Meer schwimmen, die Palmen bestaunen, die Anlage mit Privatstrand begutachten, das Essen genießen, den Begrüßungscocktail schlürfen, die anderen Teilnehmer beschnuppern und noch schlafen. Dann am nächsten Tag war es endlich so weit. Es ging los. Über 30 Teilnehmer waren angereist, eine kam sogar aus Australien!

Nach der gewohnten Vorstellungsrunde und einer kurzen Einführung fragte uns Harald: Nun, wenn ihr Euch jetzt fragen solltet, wer oder was ist Harald II, erkläre ich vorab ganz kurz was dazu.

„Ich war vor etwa 25 Jahren an einem Institut in Virginia, Amerika. Es war ein Institut für Bewusstseinsveränderung. Ziel dieses Instituts bestand darin herauszufinden, wozu Bewusstsein in der Lage ist, wenn man es entsprechend unterstützt. Man hat dort erforscht, wenn ein Mensch entsprechend unterstützt wird, z.B. Biofeedback-Geräte oder akustische Signale, ob es möglich ist, Bewusstsein aus den normalen Arbeitsmechanismen herauszuschälen und unabhängig vom Körper arbeiten zu lassen. D.h., die Wahrnehmungsgrenzen der Sinnesorgane zu verlassen und die Wahrnehmung über den Körper hinaus zu schieben durch den Raum und irgendwann durch die Zeit. Der Schöpfer des Instituts, Robert Monroe, war im letzten Jahrhundert, eines der bekanntesten Astral-Reise Phänomene, wurde also oft wissenschaftlich untersucht. Er konnte z.B. auf Befehl den Körper verlassen. Man machte dort Laborsitzungen, ein bis zwei am Tag. Ich war über mehrere Jahre immer wieder mal dort. Ziel in den Sitzungen war das Bewusstsein auf Reisen zu schicken.....um das Ganze jetzt abzukürzen....es fanden einige Sitzungen statt, auch z.T. mit einem anderem Medium, das dort trainiert wurde, einer kleinen Frau. Bei einer dieser Sitzungen sprach eine andere Quelle durch sie, die sich „Friend" nannte. Dann bei einer

späteren Sitzung, in der auch „Friend" anwesend war, fragte mich dieser „Friend", ob ich nicht mal eine andere Instanz durch mich sprechen lassen möchte. Etwas, was Du in dieser Form noch nicht kennen gelernt hast – bewusst. Ich, euphorisch, sag ja, mache ich. Dann ging „Friend" und dann kam eine Energie in mich hinein und ich dachte, ich platze. Nicht nur, dass sie mit ohrenbetäubender Lautstärke gebrüllt hat, mein Körper flog hin und her, hat sich wie wild benommen. Irgendwann wurde er dann etwas ruhiger und fing dann an, über den Ursprung des Seins zu sprechen. Ein ganz toller Vortrag. Ich höre das und bin völlig fasziniert wie alle anderen auch, die zuhörten. Irgendwann hat jemand gefragt, ja und wer spricht da? Daraufhin hat er geantwortet, wer wir sind tut nichts zur Sache, was wir sagen, ist relevant. Gut, gut aber wir müssen dich doch irgendwie ansprechen können. Dann nennt mich so, wie den, durch den ich spreche, nennt mich Harald „plus" oder „minus" oder am besten „Harald II".

Auch behauptet er von sich, er sei kein Wesen, das durch mich spricht, sondern eine Dimension. Und wer mit dieser Dimension, unabhängig von Raum und Zeit, in Kontakt kommt, der wird einen Kanal öffnen zu seiner Ewigkeit. Und wenn dieser Kanal geöffnet ist, dann wird er in diesem Leben einen anderen Bezug und eine andere Sichtweise haben. Seitdem gibt es kaum ein Thema, über das Harald II nicht gesprochen hätte. Das hat dazu geführt, dass in vielen Harald II Vorträgen oder Seminaren, Spontanheilungen passiert sind in unterschiedlichster Art. Allein seine Energie, die er frei setzt, bewirkt, dass Heilprozesse in Gang gesetzt werden. Einige hatten Erkenntnisschübe, obwohl er über dieses Thema gar nicht gesprochen hat. Als ob „Schleier fallen". Manchmal ist es auch so, dass die Harald II Energie noch mal alles befreit, was an aufgestauter verdrängter Energie da ist, wie Wut und Angst und Verzweiflung und Chaos. Alles kommt ans Licht und löst sich irgendwie in dieser Phase auf.

Jetzt behauptet Harald II, jeder von uns hat eine Ebene II. Jeder Einzelne wird gelegentlich von dieser Ebene berührt – selten bewusst. Noch seltener könnt ihr bewusst mit dieser Information oder Energie etwas anstellen was relevant ist. Er sagt, sein Ziel ist über den Kontakt mit Menschen, ihnen dazu zu verhelfen, ebenfalls in ihrer Ebene II aufzuwachen. Ob dieses Aufwachen im Schlaf erfolgt, in den Träumen oder indem ihr plötzliche Visionen habt oder Erkenntnisanfälle, die wie aus dem Nichts kommen, oder plötzlich Heilschübe wo ihr nicht wisst woher das plötzlich kommt oder Heilung die ihr übertragt, solche Dinge passieren mehr und mehr. Viel wichtiger jedoch ist, ob das was er sagt, mit Euch irgendetwas macht. Oft kamen Leute mit der Frage, und woher sollen wir wissen, ob Du wirklich die Ebene II bist. Harald II sagt, was ist daran interessant wer wir sind, interessant ist, ob das was wir sagen relevant ist. Ist es nicht relevant, ist es egal, wer wir sind, ist es relevant, ist es auch egal!

Nach einem kurzen „Pinkelpäuschen" ging es schon weiter:

Harald sagt ganz locker *„Ich gehe jetzt schlafen!"* und meint damit, dass er in Trance geht. Der Raum ist leicht abgedunkelt, Kerzen und kleine Lichter brennen, Spannung liegt in der Luft. Die erfahrenen Teilnehmer dieser Runde wissen bereits was kommt, andere, wie ich, sind aufgeregt, voller Erwartung und gespannt auf das, was jetzt wohl passieren mag. Tausend Gedanken gehen mir durch den Kopf. Ich muss zugeben, ich hatte auch ein wenig Angst vor dem Unbekannten. Plötzlich fühlte ich, wie die Atmosphäre des Raumes sich veränderte, die Energie verdichtete sich schlagartig, meine Konzentration nahm zu, das gedankliche Chaos wich und mein Kopf wurde ganz klar. Außerdem verschärften sich meine Sinne, ich spürte, wie es in meinen Handflächen kribbelte und meine Sensibilität zunahm. Dann fühlte ich es: Unendliche Liebe durchflutete mich, durch und durch. Es war so wunder-wunder-schön. Ein Gefühl von Dankbarkeit überkam mich, all das ließ ich durch mich fließen und war glücklich. Dann hörte ich, wie sich die Atmung von Harald veränderte und es war soweit: Harald II war da!" Er begann mit seinen bereits legendären Worten *„Seid gegrüßt liebste Freunde in dieser außergewöhnlichen Runde. Die nächsten Tage dienen dazu unsererseits Wahrnehmungskanäle zu öffnen, über die Euch klar werden kann, dass Ihr mehr seid, als das was Ihr normalerweise von Euch glaubt. Mehr* *als Eure Geschichte, mehr als Euer geschichtliches Ich, mehr als Euer Körper, im Einklang mit Eurer größeren raum- und zeitlosen Ebene, Eurer Ebene II. Die Ebene II, liebste Freunde, ist Euer wahres Selbst, Euer magisches Ich. Es ist der Bereich, aus dem Ihr stammt, hineingeworfen in die Struktur von Raum und Zeit, beseelt mit einem Auftrag, mit einer Idee aber gleichzeitig in ständiger Einheit gefangen, um durch Euch fließen zu lassen den göttlichen Urgrund in seinem Schöpfungstanz.*

Die Ebene II, Euer eigentliches magisches Ich, ist nicht in Raum und Zeit gefangen, sondern in ihr entsteht Raum und Zeit in seiner Struktur. Euer Ziel in diesem Leben, ist nicht das, was Ihr wirklich seid, es ist nur Eure Bestimmung. Eine Bestimmung im Sinne von Ausrichtung des göttlichen Potentials Eurer Ebene II, um in dieser Ausrichtung sowohl Euch Eures göttlichen Seins als auch jeglicher Form von Wirklichkeit bewusst zu werden. Die meisten Menschen wie auch Ihr haben den Kontakt zu Ihrer Ebene II verloren und glauben sich gefangen in Mangel, in Wirklichkeit von Raum und Zeit. Dieses Gefühl von Mangel führt dazu, dass die meisten Menschen und so auch ihr ständig auf der Suche sind, diesen Mangel zu beseitigen. Mangel erscheint in unterschiedlichster Form. Aber Mangel ist immer ein Ausdruck davon, dass man die Fülle des göttlichen Seins und den Zugriff zum göttlichen Sein vergessen hat und glaubt, mit dem was man im Moment wahrnehmen kann, so gut wie möglich zurecht kommen zu müssen, es verbessern zu müssen, danach jagen zu müssen, es sichern zu müssen. Weil man glaubt, dass daran die eigene Existenz hängt. Aber dieses Gefühl führt zu Ablehnung von sehr vielem was in dieser Wirklichkeit möglich wäre, aber vor allem zur Ablehnung Eures eigenen magischen Selbst. Das Eintauchen in die Ebene II ist vergleichbar mit einem Prozess des Wiedererinnerns von dem was ihr wirklich seid und soll in diesen Tagen vorbereitet werden.

Die Ebene II ist im Grunde genommen aus Eurer Sicht nicht wirklich beschreibbar, weil ihr denkt in Raum und Zeit, Ihr nehmt durch eure Sinne wahr und Ihr seid von Mangel ergriffen, in dem Ihr glaubt, nur gewisse Dinge beherrschen zu können. Den anderen seid Ihr ausgeliefert. Die Ebene II ist aber vollkommen, im Fluss mit dem großen göttlichen Sein, hat keinerlei Ausdruck von Mangel und ist geprägt durch unbändige Lust zu schaffen, phantasievoll den göttlichen Urgrund in immer neue Bahnen zu lenken und zu beobachten wie der eigene Schöpferkreis Form gewinnt. Ihr seid davon ein Teil, nur wisst Ihr davon sehr wenig. Das Eintauchen in die Ebene II hilft Euch aber diesen Teil wieder in Form zu bringen und den Mangel zu beseitigen. Statt Euch als Opfer zu fühlen, Euch im Überfluss zu fühlen mit dem Sein was sich um Euch kümmert, was Euch trägt und was jegliche Form von Wirklichkeit aus Euch herausfließen lassen kann. In diesen Tagen seid Ihr verbunden durch diese gemeinsame Absicht eins zu werden mit Eurer Ebene II und mit der Ebene II von Euch allen. So wie Ihr zusammen gekommen seid zu diesem Seminar, seid Ihr eine Gruppe, die geführt worden ist dieses gemeinsame Abenteuer zu durchlaufen. Ein Abenteuer, das sehr viel einfacher gemeinsam zu durchlaufen ist als einzeln. Aus dem einfachen Grunde, dass gemeinsam das Gefühl von Mangel leichter zu beseitigen ist, genauso wie es einfacher ist einzutauchen in die große Ebene II und zu spüren, dass das große Sein auf Euch wartet, Euch einbettet und Euch führt. Allein ist dies schwierig, weil Ihr so sehr gefangen seid in Eurer Geschichte. In diesen Tagen kommt es deshalb sehr drauf an, Euch als Menschen zu spüren, Euch spüren zu lernen in dem was einer fühlt, was einer denkt, seine Krankheiten, seine Gesundheit, seine Stärken, seine Merkmale, seine Eigenheiten. Aber nicht nur Euch als Menschen, sondern genauso das Umfeld. Wir werden Euch klar machen, dass alles, was um Euch herum passiert, nichts anderes ist als Aspekte von Euch selbst. Der Regen, den Ihr erlebt, der Wind, der Blitz, die Wolken, die Inseln, das Wasser, das Essen, die Stimmen, die unterschiedlichen Sprachen, die Tiere. Alles was existiert um Euch herum ist ein Teil von Euch selbst. Und dies wieder zu spüren und Euch zu fragen: Was hat das mit mir zu tun? Was sagt mir das, was ich wahrnehme über mich aus?, wird Euch enorm helfen Eure Isolation zur Welt aufzugeben, Euch in einer Gemeinsamkeit wieder zu empfinden vor allem aber, Euch eingebettet zu fühlen in eine immense Energie der Ebene II, die Euch nährt und ohne die ihr nicht eine Sekunde Existenz hättet.

Die Ebene II, liebste Freunde, ist Eure Heimat. Dort ist unendliche Liebe, dort ist unendliche Kraft, dort ist Schöpfungslicht, dort ist Fröhlichkeit, dort ist Leichtigkeit, dort ist Freiheit, dort ist Schönheit, dort gibt es keine Trennung, keine Wertung, dort gibt es nur hemmungslosen Ausdruck, zielgerichtete Form des göttlichen Seins, dort ist die Leidenschaft, der hemmungslose Drang sich selbst als göttliches Schöpfungsprinzip in Form zu bringen und zu erkennen. Dort ist Licht - Schöpfungslicht. Dieses Schöpfungslicht in Eure Wahrnehmung zu bringen, die Schönheit der Schöpfung wieder wahrnehmen zu lernen und Abstand zu finden zu Eurem kleinlichen Ego, was ständig glaubt zu wissen was richtig und was falsch wäre, was zu tun ist und was nicht zu tun ist, wozu ihr Lust hättet, wozu ihr nicht Lust hättet, was richtig und was falsch ist, bezogen auf Eure Lebensabsicht. Euch davon zu trennen und stattdessen im Einklang zu sein mit dem großen Sein ist ein Ziel des Öffnens Eurer Wahrnehmungstore.

Euer Ego ist sehr mächtig, aber nur mächtig in seiner Begrenztheit und in seiner Beschränktheit. Es hat keinerlei Macht, es hat keinerlei Kraft, es hat keinerlei Schöpfungslicht und wiederholt sich geistlos in dem was war. Aufzuwachen in die Ebene II heißt aufzuwachen zu Eurem wahren Potential, aufzuwachen zu Eurer Gesundheit, aufzuwachen zu Euren Möglichkeiten, aufzuwachen zu Eurem Gefühl ganz zu sein, in Ordnung zu sein, fehlerlos, makellos zu sein und damit auch Gesundheit und Energie ohne

Ende durch Euer System fließen zu lassen. Der Ebene II ist alles möglich. Sie kann manifestieren, sie kann Raum und Zeit biegen, sie kann sich aus Raum und Zeit befreien. Der Teil von Euch, der sich gefangen fühlt in seinem Mangel, der sich versteckt hinter seinem kleinlichem Ego, wovon er glaubt es wäre kompetent, schließt sich aus dem großen Sein aus. Alles anzunehmen wie es ist, sich dem Fluss hinzugeben, sich den gegenwärtigen Situationen zu stellen, auch wenn diese nicht so scheinen, wie Ihr vielleicht es gerne haben wolltet oder wie Ihr glaubt es haben zu wollen ist ein wichtiger Teil von Erkenntnis und von Freiheit.

Wer sich der Ebene II nähern will, braucht die Nähe. Die Nähe zum Sein, die Nähe zum Menschen, das Gefühl zum Menschen. Braucht die Nähe zu Tieren, zu den Naturphänomenen, die Nähe zu aller Energie, die alles nährt und erzeugt, was um euch herum stattfindet. Wir schlugen diesen speziellen Ort vor, weil dieser Ort sehr lebendig und von Kraft beseelt ist. Die Kraft, die hier fließt, ist nicht so geformt, wie dort, wo ihr herkommt. In Europa, das euch so vertraut ist, ist Struktur überall an jedem Ort. Zeitliche Struktur, Leistungsstruktur, sogar Struktur in der Angst, sogar Struktur im Mangel. All dies ist hier nicht. Hier ist Lebendigkeit, ungerichtetes Chaos. Das mag euch vielleicht in vielerlei Weise stören, weil es nicht den Anfordernissen des Egos entspricht, aber es ist genau dieser Zustand des Chaos, ungerichtete Energie, die auf mannigfache Weise Euch hilft aus Eurem Ego herauszukriechen, den Mangel nicht mehr so wichtig zu nehmen und euch zu öffnen für den Überfluss, in einer Form, wie ihr ihn vielleicht nicht mal kennt, nicht mal erkennen könnt, wenn er da wäre.

Der Kontakt zur Ebene II ist gleichsam ein Öffnen einer inneren Wahrnehmung, die Euch erinnert, wer Ihr seid, was Ihr könnt, wo Eure Bestimmung liegt, wohin der Überfluss fließen könnte, wenn er Euch berührt und durch Euer Sein Form gewinnt. In diesen Tagen möchten wir Euch ausrichten, Eure Wahrnehmung gezielt nach außen zu richten in verschiedenen Übungen. Wir möchten Euch aber auch Gelegenheit geben mit uns selbst in Kontakt zu treten über Fragen. Wir werden Euch begleiten abends und in der Nacht. Wir werden Eure Träume leiten, Euch Erkenntnis zukommen lassen und Heilenergie bereitstellen, die Euer System in Ausgleich bringt. All das, wenn Ihr Euch dem Fluss öffnet, Eure Erwartung streicht und Euer kleinliches Ego bei Seite haltet. An dieser Stelle möchten wir gleich einladen zu Fragen. Wir hören.

Teilnehmerin: „Was mache ich, um wieder klar zu sehen?"

Harald II: „Nun, grundsätzlich liebste Freundin, wenn sich die Sinnesorgane verschließen nach außen, dann ist es ein Ausdruck auf der einen Seite von Trennung gegenüber dem Außen, auf der anderen Seite aber auch eine Hinwendung nach innen. Das optimale Gleichgewicht bei jedem Menschen besteht darin, dass er die Fähigkeit hat, das Außen wahrzunehmen, es hineinfließen zu lassen, es zu integrieren ohne sich zu distanzieren, ohne zu glauben sich abtrennen zu müssen. Auf der anderen Seite sich gleichwohl zu spüren im eigenen Schöpfungsfluss. Wenn du zurückschaust auf deine Geschichte, dann wirst du feststellen, dass Abgrenzung für dich ein großes Thema war und noch nicht in Harmonie gelöst ist. Aber wenn Abgrenzung gelöst wird, wenn du im Gleichgewicht bist mit dem Fließen im Außen genauso wie mit dem Fließen nach innen, dann werden deine Sinnesorgane auch auf normale Weise dir wieder Wahrnehmungstore sein, indem du dich nicht abgrenzen brauchst, aber indem du dich auch nicht verlierst. Kannst du uns soweit folgen?"

Teilnehmerin: „Ja!"

Harald II: „Durchaus. Wir hören die nächste Frage."

Teilnehmerin: „Bei mir kommen manchmal Gedanken des Mangels und der Trauer. Ich weiß nicht, wie ich sie wegschicken kann. Wenn ich sie wegschicke, kommen sie trotzdem wieder.
Was kann ich tun?"
Harald II: „Nun. Das Problem des Egos ist, du bist nicht dein Ego. Du bist ein neutrales Ich. Ein Ich, das seine Basis hat in deiner Ebene II. Nur in deiner Geschichte hast du dich mit deinem Ego angefreundet als Konstrukt deiner Geschichte. All das, was du glaubst zu sein, ist die Summe all dessen was du

glaubst zu sein, an Erlebnissen, an Ängsten, an dem, was du von deinen Eltern übernommen hast, an dem, was sich um dich herum ereignet hat und mit dem du dich als Folge identifiziert hast . Solange du identifiziert bist mit deinem geschichtlichen Ego, solange ist alles was dieses Ego denkt, fühlt, seine Ängste, seine Mängel, die es glaubt zu haben, scheinbar ein Ausdruck von dir selbst - aber eben nur scheinbar, weil du hast mit deinem Ego gar nichts zu tun.

Die Kunst besteht darin, dich wieder als eigenständiges Ich zu erkennen und wenn das Ego sich wieder aufspielt und sich wichtig macht, dir selbst zu sagen: AHA dort ist meine Geschichte, die mir glauben machen will, ich bin sie selbst, ich bin ein Teil davon. Und mich entsprechend auch in der Gegenwart so zu lenken, dass die Geschichte meine Wahrnehmung lenkt und damit die Gegenwart zur Geschichte macht. Das zu durchschauen und dir immer wieder klar zu werden, dir immer wieder zu sagen, ist der erste wichtige Schritt. Du musst sagen: Ich bin nicht meine Geschichte, ich bin nicht mein Ego, deshalb bin ich auch nicht meine geschichtlichen Gedanken. Dass mein Ego diese Gedanken schickt, die Ängste schickt, das Gefühl von Mangel, ist durchaus in Ordnung, weil es daran gewöhnt ist. Es ist seine übliche Strategie. Nur ich entscheide mich jetzt und zwar genau jetzt, mich davon nicht mehr beeindrucken zu lassen, sondern andererseits mich in das unübersichtliche Abenteuer zu stürzen. Die Kraft des Egos entsteht dadurch, dass das

Ego dir sagt was zu tun ist, was nicht zu tun ist, welche Konsequenz das hat, was du tust.

Ein wichtiger Schritt, um vom eigenen Ego Abstand finden, zu gewinnen, ist Dinge zu tun, wovon das Ego sagen würde: Das darfst du auf keinen Fall, weil die Konsequenz ist das und das. Oder du musst das tun, weil das jetzt dein Wunsch ist oder das ist nicht adäquat, du musst zu dir stehen, du musst dich zum Ausdruck bringen und damit versucht es, deine geschichtliche Haltung immer wieder stark zu machen. Wenn du Dinge tust, die unübersichtlich sind, Dinge, die nicht absehbar sind, Dinge, die du in der Form noch nie getan hast. Wenn du versuchst Neues zu ergründen, ohne dies mit einem Ziel zu verknüpfen, wenn du versucht, deine Wahrnehmung zu öffnen gegenüber Dingen, die du bisher so noch nie wahrgenommen hast, dann wird das Ego geschwächt in seiner Kompetenz, in seiner Autorität. Dies ist ein längerer Prozess, der nicht von heute auf morgen geht, aber der zunächst einmal entschieden werden muss. Wann immer etwas in dir glaubt, sicher zu sein, ich will es so aber nicht so, das hat die Konsequenz, das hat jene, das lasse ich nicht mit mir machen, wer bin ich denn? Dann weißt du, dein altes Ich versucht sich stark zu machen. Dann genau erst recht musst du das tun. Kannst du uns soweit folgen? Gegen das Ego, wenn es dir Gefühle schickt, kannst du nichts tun, außer dich lächerlich darüber zu machen, indem du beispielsweise sagst: Na, du kleiner Angsthase, spielst du dich wieder auf? Ich bin nicht du, ich begebe mich in ein neues

Leben. Ich bin gerade dabei, den Mangel aus meinem Leben zu vernichten, falls dir das noch nicht aufgefallen ist. Ich bin gerade dabei, mich dem Abenteuer hinzugeben, dem Unbekannten in den Rachen zu werfen, falls dir das noch nicht aufgefallen ist und ich habe überhaupt keine Absicht mich aufhalten zu lassen, weder von dir, noch von sonst jemandem. Und alles was du sagst, ist ohne Belang!

Wenn du das ständig sagst, wird das Ego ziemlich verzweifeln, weil es spürt, dass seine Automatismen, seine Wiederholungsaspekte nicht mehr greifen. Der einzige Weg, wie sich ein Ego erhalten kann, ist, indem es dich dazu bringt, bei deinen alten Betrachtungsweisen zu bleiben über dich und die Welt, dein altes Selbstbild zu verteidigen, dein altes Weltbild zu verteidigen. Wenn du dein Selbstbild bewusst erweiterst, genauso wie dein Weltbild, wenn du dich bewusst neuen Erfahrungen hingibst und genau das tust, was du am allerwenigsten tun möchtest oder was dir am allermeisten Angst macht, wird das Ego Ruhe geben. Kannst du uns soweit folgen?"

Teilnehmerin: „Ja"

Harald II: „Durchaus"

Teilnehmer: „Wie kann ich die Stimme des Egos von der Stimme des Herzens unterscheiden, der Stimme meiner Ebene II?"

Harald II: „Nun, es ist so liebster Freund, die Ebene II, im Unterschied zur Stimme deines Egos, versucht dich frei zu machen, versucht dir Möglichkeiten zu geben, versucht deine Entwicklung voran zu treiben, versucht Neues in dein Leben zu bringen, versucht den Blick zu öffnen für Freude, für Abenteuer, für Wandlung. Die Stimme deiner Geschichte, die Stimme des Egos, macht dir Angst, will dir Sicherheit geben, gibt dir klare und starre Strukturen im Denken, im Fühlen, gibt dir Schuldgefühle, gibt dir das Gefühl zu wenig Wert zu sein, Opfer zu sein, im Mangel zu sein, lässt dich vorsichtig sein, lässt dich beharren auf das, was dir zusteht - anscheinend, versucht dich darum kämpfen zu lassen für das was du haben willst. Die Stimme deines Herzens, die Stimme deiner Ebene II, macht das Gegenteil. Sie unterstellt, dass alles immer gut kommt für dich. Dass du nicht kämpfen musst, dass sich die Dinge natürlich entwickeln, dass du zuschauen musst, mit positiver Einstellung, dass du Wünsche klar formulieren kannst und diese Wünsche dein Leben gestalten – mühelos. Kannst Du uns soweit folgen? Mehr gibt es nicht zu wissen!

Wenn Du diese zwei Dinge klar auseinanderhalten kannst, sind die Kanäle der Wahrnehmung geöffnet, sowohl für deine Wahrnehmung nach innen als auch deine Wahrnehmung nach außen. Deine Ebene II ist innen und außen, d.h., alles was dir begegnet, kann deine Ebene II sein, nicht kann sein, sondern kann als deine Ebene II erkannt werden. Das genau ist eine der

Übungen, die wir euch beibringen wollen in den nächsten Tagen. Was immer euch begegnet im Außen, nehmt es als Eure Ebene II wahr und fragt Euch: Was daran macht mich frei? Wo ist Schönheit versteckt? Wo ist Liebe versteckt? Wo ist Freiheit und Freude versteckt? Wo ist Wandel? Wo ist Abendeuter? Wo ist Veränderung? Wo ist die Grenze von Mangel und wo ist Abhängigkeit? Kannst du uns folgen?"

Harald II:"Wir hören die nächste Frage"

Teilnehmerin: „Wie kann ich das Vertrauen spüren? Wie kann ich das spüren, dass alles gut ist?"

Harald II: „Nun, dieses Vertrauen kommt, indem du so tust, als ob es schon da wäre. Das bedeutet einfach ausgedrückt, versuche dich immer zu fragen: Wenn ich dieses Vertrauen schon hätte, was würde ich dann tun? Und genau das tust du. Indem du das tust, wird das Vertrauen kommen. Und nur so wird es kommen. Kannst Du uns folgen?
Dies ist ein Weg, der etwas abenteuerlich ist, der natürlich die Grenzen deines Egos extrem herausfordert, vor allem die Bestandteile des ängstlichen Egos. Aber auf der anderen Seite, wenn Du Dich fragst, Was würde ich tun, hätte ich dieses Vertrauen, die absolute Sicherheit, dass alles gut kommt, und du tust genau das, wird alles gut. ALLES WIRD GUT. ALLES."

Teilnehmerin: „Danke"

Harald II: „Es war uns ein Vergnügen. Damit beenden wir diese Runde und werden uns zum späteren Zeitpunkt wieder treffen"

Wow. Das tat so gut, das Gesagte zu hören oder noch besser: zu spüren! Ich spürte tief in mir, dass das für mich stimmte. Dass es die Wahrheit ist. Ich wusste, dass mir die Tage viel Heilung schenken würden. Viel Leid und vor allem Selbstmitleid aus meiner Geschichte würde wohl selbst zur Geschichte werden, d.h., dass ich es nicht mehr ständig aktualisierte und wiederholte.

Es waren sehr vergnügliche, ausgelassene, fröhliche Tage. Wir hatten soviel zu lachen. Ganz besonders fielen zwei Schwestern auf. Die lachten so laut und herzlich, dass die Wände wackelten. Sie steckten alle damit an. Sollte es im Seminarraum kurz mal still gewesen sein, konnte man nur darauf warten, dass es aus der einen Ecke wieder anfing zu kichern und alle mit lachten, oft ohne zu wissen warum. Harald sagte dann immer: „Aha. Die bajuwarische Szene wieder! Typisch!" Was nur zu noch mehr Lachern führte.
Vor allem, als einer dann fragte: „Waaaas? Barbarische Szene?" *„Naaa, I huf da glei mit Barbarisch. Bajuwarisch! Mir samma vo Bayan"*, war die prompte Antwort der Einen.

Natürlich gab es auch reichlich Anlass zu feiern. Nach einer Abendmeditation, sagte uns Harald II, heute ist Zeit zu feiern. Das taten wir auch. Wir sprangen teilweise mit den Kleidern in den Pool und schlürften dort unsere Cocktails. Es wurde getanzt und gelacht. Wir fühlten uns alle als hätten wir Geburtstag. Am nächsten Abend hatte Thomy tatsächlich Geburtstag und wir stießen mit Champagner auf dieses feierliche Ereignis an.

Harald und Harald II hatten sich viele schöne Gruppenübungen ausgedacht. Wir erlebten einander ganz anders, waren berührt und spürten Nähe. Manche, so wie ich, zum ersten Mal so richtig im Leben. Ich fühlte mein Herz, wie es weiter und offener wurde und ich bedingungslose Liebe erfuhr zu mir und zum Sein. An dieser Stelle nochmals vielen Dank für diese Tage! (Ich bilde mir ein, wie eine Stimme flüstert: „Durchaus liebste Freundin, es war uns ein Vergnügen").

Am Ende des Seminars hatte Harald noch eine ganz besondere magische Übung für uns ausgeheckt. Wir sollten zwei Steine sammeln. Auf den einen Stein konnten wir ganz leise das prägen und abgeben, was wir für immer los sein wollten an alten Sichtweisen, Problemen, Hemmnissen und dergleichen. Der konnte dann in der Erde vergraben werden, damit sie alles für uns neutralisieren würde. Auf den anderen durften wir unsere Wünsche und Anliegen sprechen, das, was wir alles Neues in unser Leben ziehen wollten. Dieser Stein wurde dann ins Meer geworfen. Das Meer steht für die Seelenkräfte und bringt Dynamik.

Das hat lange den Spruch geprägt: Grab tief, wirf weit!

Ich gab mir sehr viel Mühe und nahm mir lange Zeit, mir zu überlegen, was ich nie wieder wollte und was ich mir wünschen würde. Eines war mir aber sofort klar: Ich wünschte mir, wieder an diesen Ort zu kommen! Und noch eines war mir ebenfalls bewusst geworden. Obwohl es eigentlich nur fünf Tage Seminar waren, waren sie doch ausschlaggebend für mich, mich anders zu betrachten und mein Umfeld anders wahr zu nehmen. Mehr Glück und Frieden zu empfinden. Und ich war erst am Anfang, ich kratzte gerade mal an der Oberfläche. Ich wünschte mir, noch auf ganz viele Seminare gehen zu können!
Bei jedem Wunsch, den ich äußerte, blitzte es am Himmel. Genau wie Harald II gesagt hatte, alles steht mit uns in Verbindung. Jetzt hatte ich es selbst erlebt, was ich vorher nie für möglich gehalten hätte. Das Seminar fand langsam aber sicher sein Ende und Barbara und ich waren uns einig: Wir hatten die beste Zeit unseres Lebens!

Unser letzter Tag kam und fast wollte sich schon ein Gefühl der Traurigkeit bei mir einschleichen, aber Gott sei Dank fiel es mir wieder ein: Es geht noch weiter! Der zweite Teil dieser aufregenden Reise steht ja noch bevor. Der Besuch bei Thomaz Green Morton. Noch einmal schlafen und schon sollte es losgehen. Leider war dann doch Abschied angesagt, denn nicht alle wollten und konnten mitkommen. Die Gruppe reduzierte sich und so war noch ein Teilgrüppchen in der Obhut von Thomy. Einen Sack Flöhe zu hüten, sei leichter, meinte er.

-5b-
Der Besuch bei Thomaz Green Morton

Die Fahrt war wunderschön und so sahen wir auch etwas vom Landesinneren. Endlich kamen wir in Pouso Allegre, einem kleinen verschlafenen Städtchen im

Herzen Brasiliens, an. In einem schönen und modernen Hotel wurden wir untergebracht. Dort ist er mittlerweile schon sehr bekannt, denn alle Besucher für Thomaz werden dort einquartiert.

Es gab noch ein wenig Zeit die Umgebung zu erkunden, denn der Workshop bei Thomaz sollte erst am späten Nachmittag beginnen.

Erwartungsvoll verließen wir den Bus, der uns zu seinem Anwesen brachte und wir wurden gleich von Christine sehr herzlich empfangen. Sie führte uns herum, zeigte uns die Räume und die berühmte Fotogalerie, in der die Fotos von allen Menschen hingen, die eine Einzelenergetisierung erhalten haben. Das Grundstück strahlte so viel Ruhe, Frieden und Harmonie aus. Tiefe Entspannung machte sich in mir breit und ein Gefühl des Vertrauens und Getragen-Seins.

Liebevoll hatten sie ein kleines Buffet mit Snacks und Getränken vorbereitet, sowie ein richtiges Matratzenlager hergerichtet, wo wir uns so richtig reinlümmeln konnten. Übereinander und ineinanderverschlungen machten wir es uns gemütlich. Die Atmosphäre erinnerte mich eher an die im Jugendlager damals. Wie sie das wohl geahnt haben? Genau das Richtige für uns. Stühle wären viel zu unbequem und langweilig gewesen.

Zusammen schauten wir uns einen kurzen Film an, in dem Thomaz bei der Arbeit zu sehen ist. Dann plötzlich roch es im ganzen Raum ganz intensiv nach einem wunderbaren Duft. Er war da. Gott sei Dank. Denn Thomy hat schon versucht uns schonend darauf vorzubereiten: Nicht nur, dass er wie Harald die Tendenz hat, zu spät zu kommen, manchmal kommt er auch gar nicht. Je nachdem, wie er es für richtig hält. Er schert sich nicht um Vereinbarungen oder Abmachungen, er handelt nur nach seiner Intuition. Doch er war da und verströmte diesen intensiven Duft, hauptsächlich über die Hände. Es tropfte an seinen Fingern hinunter. In seiner Gegenwart spürten die meisten von uns auch ein ganz intensives Gefühl von Liebe und Freude. Jeder bekam von ihm eine gebogene Münze geschenkt und er unterhielt sich ein wenig mit jedem. Wenn ich ihn mit einem Wort beschreiben würde, würde ich sagen, er ist „Lebensfreude pur". Er war sehr aufgeregt und erfreut, dass wir alle da waren. Zuvor hatte er noch nie eine Gruppe empfangen, schon gar nicht in dieser Größenordnung. Aufgeregt zeigte er uns das Stück seiner Angelrute, die sich einen Tag vor unserer Ankunft materialisiert hatte. Er deutete das als gutes Omen und dass wir von Avron V herzlich empfangen wurden. Wir durften alle drei Wünsche bzw. Anliegen aufschreiben, dann widmete er sich jedem einzeln, übertrug Energie, sprach ein paar Worte, gab Impulse oder Ähnliches. Es war sehr bewegend, denn deutlich war zu sehen, wie sehr er sich anstrengte, das Beste zu geben. Obwohl es so locker und ungezwungen dort war, ließ die Anspannung bei den meisten nicht nach, dafür wurde die Erwartungshaltung immer größer. Ich empfand das sehr stark bei mir, fast schon unangenehm. Ich war richtig gierig auf Wunder. Fast konnte man deutlich das innerliche Rufen vernehmen: „Wunder, wir wollen

Wunder!" Und wenn Thomaz Green Morten auf etwas ganz speziell reagiert oder besser eben nicht reagiert, dann sind es Erwartungen – denn er ließ sich davon überhaupt nicht beeindrucken. Im Gegenteil, er zeigte keinerlei sichtbare Phänomene, außer dem Parfüm, dass man ganz deutlich aus seinen Händen tropfen sah. Die Egos der meisten Anwesenden rebellierten. Klar, das ist natürlich auch, wie wenn man Öl ins Feuer gießt. Wir bezahlen den hohen Preis und hatten natürlich ein Recht auf unsere Wunder – so dachten wir uns das. Vereinzelt hörte man immer wieder welche meckern: ....und dafür sind wir jetzt so weit gefahren......wer ist eigentlich Thomaz Green Morton....was soll das und so weiter.......Er liebt es, das Ego herauszufordern, erzählte uns Christine. Bei ihr macht er das auch immer so, sie hat da schon ganz viel erlebt in der Zeit mit ihm. Und er hat dabei die größte Freude.

Sichtlich Freude machte es ihm dann auch, uns eine Art Präsentationstisch zu zeigen, auf dem man viele Gegenstände bewundern konnte, die er mit Hilfe der kosmischen Energie verändert bzw. transmutiert hatte. Da lagen sie, die wunderschönen Kristalle, geformt aus schlichten Eiswürfeln in vielen bunten Farben, von denen ich so gerne einen haben würde. Sehnsüchtig schielte ich immer wieder darauf. Aber es gab noch mehr zu bestaunen. Ineinandergeschlungenes Besteck, so kunstvoll und wunderschön, dass sie wie kleine Blumensträuße aussahen. Es gab sein Parfüm, abgefüllt in süße kleine Flacons, nicht nur, dass es den unglaublichsten betörendsten Duft hatte, den ich je gerochen habe, es sollte auch noch unglaubliche Heilkräfte besitzen. *„Manchmal, materialisiert Thomaz auch den Duft, den Du bei Deiner Geburt hattest, das erinnert dich tief im Inneren an dein Wesen. Dadurch ist tiefe Heilung möglich"*, erklärte gerade Christine. Ach, das wäre auch nicht schlecht so was zu haben.... allein schon des Geruchs wegen....oder wenigstens nur ein verbogenes Messer. Wenn man mit dem isst, kann man alles Negative quasi wegschneiden. Es sieht zudem beeindruckend aus. Damit könnte ich ein wenig angeben. **Haben! Ich will es haben!** Mein Verstand betete es wie ein Mantra. Hatte Harald II nicht irgendwas von Ego und Mangel gesagt...es schien soweit weg. In dem Moment sagte Thomaz gerade ganz klar, überlegt Euch gut, ob ihr das überhaupt braucht! Komisch, ich komme mir vor, wie die Maus, mit der die Katze gerade spielt...

Bevor wir jetzt alle essen gehen, wäre es da nicht toll, wir hätten alle das gleiche T-Shirt an? Und schon schmiss er uns allen eines zu. Es stand in großen Lettern RA drauf in verschiedenen Variationen. Ahhh Geschenke, gut! (Meein Schaatz!, ich musste gerade an den „Gollum" aus Herr der Ringe denken)

Das Essen fand in einem typischen rustikalen brasilianischen Restaurant statt. Wir waren die einzigen Gäste. Der Koch überbot sich selbst. Auf einem Tisch standen viele verschiedene Töpfe und Pfannen, aus denen es köstlich duftete und dampfte. Ein Genuss!

Wir aßen alle als hätten wir seit Tagen nichts bekommen, wie eine Heuschreckenplage fielen wir über das Buffet. Erfolgreich, doch auch erstaunlich, denn bei Thomaz hatte es ja auch reichlich köstliche Snacks gegeben...
Mit dem leckeren Mahl endete zugleich auch dieser erlebnisreiche und aufregende Tag.

Am nächsten Morgen erwachten wir erfrischt und vergnügt. Barbaras und meine Leidenschaft ist es, das Frühstück aufs Zimmer zu bestellen und gleich eine leckere Tasse Tee im Bett zu trinken. Es fühlt sich so herrlich und luxuriös an. Ist das nicht eine tolle Einstimmung für den Tag? Dieses Vergnügen gönnten wir uns. Da es erst wieder am späten Nachmittag weitergehen sollte, nutzten wir die Zeit für lange Gespräche und Visionen, außerdem stand noch ein kleiner Einkaufsbummel auf dem Plan. Dann war es auch schon wieder soweit. Der Bus holte uns ab, um uns zu Thomaz zu bringen. Bis er kam, durften wir uns noch auf dem Gelände umsehen und es uns gemütlich machen, konnten etwas essen oder uns Wasser aus seiner eigenen energetisierten Quelle abzapfen. Wir waren gespannt, was er heute mit uns vorhatte, denn es stand ja die Einzelenergetisierung an. Mit ihm rollte auch eine Welle der Herzlichkeit an und er umarmte uns kräftig. Wie es uns gestern gefallen hätte und ob wir Fragen hätten. Geduldig widmete er sich uns, scherzte und lachte. Es machte ihm sichtlich Freude vor allem mit unserem Ego zu spielen. Ich fragte ihn z.B. ob er nicht einen neuen Namen für mich hätte. Ich könnte mich ja Betty nennen! **WAS BETTI?** Das klingt ja gar nicht schick! In mir rebellierte es wahnsinnig. Ich fühlte mich nicht ernst genommen und verarscht und das bei dem Preis! Grummel grummel. Apropos Preis. Habe ich erwähnt, dass Thomaz von sich behauptet, er könne Gedanken lesen, er wisse ihn sogar schon, noch bevor er entsteht. Er muss gestern alle unsere gierigen Gedanken nach Geschenken und Phänomenen gelesen haben, denn der nächste Ego-Hieb kam prompt. Ganz nebenbei sagte er plötzlich, ach ja bevor ich es vergesse, ich bekomme von jedem noch 100 Euro für das T-Shirt. **WAAAAAS? Das war kein Geschenk?** Die Menge murrte, aber keiner traute sich so Recht seinen Unmut kund zu tun und zuzugeben in die Ego-Falle getappt zu sein. Schließlich hat man ja dafür bezahlt, bei dem Preis muss das doch enthalten sein und so weiter. Sehr passend, denn so fühlte ich mich auch. Und dann ist dieses T-Shirt noch nicht mal aus Baumwolle. Frechheit. Aber nur nichts anmerken lassen! Sollte ja keiner denken, ich wäre kleinlich. Grummel, grummel. Es war aber auch schnell wieder vernachlässigbar, denn Thomaz wollte jetzt jeden energetisieren. Dadurch, dass wir so viele waren, wollte er Paare und Verwandte paarweise drannehmen, die restlichen einzeln. Als Barbara und ich dran waren, war es schon spät, doch keine Spur von Müdigkeit. Christine führte uns in sein „Energetisierungszimmer". Wir saßen bei ihm am Tisch, vor uns lag ein Haufen brasilianischer Münzen. Davon sollten wir ein paar nehmen und in beiden

Händen geschlossen halten. Er übertrug mental Energie mit seinem kräftigen RA und die Münzen fühlten sich nicht mehr wie Münzen an, sondern als hätten wir Käfer oder Popcorn darin. Neugierig hob ich eine Hand an, um zu sehen, was passiert war, doch erstaunlicherweise gar nichts. Eigenartig wollte ich gerade denken, in dem Moment - vor unseren eigenen Augen – bog sich eine Münze. Wie eine Muschel klappte sie sich in Zeitlupe zusammen, ohne dass wir sie auch nur annähernd berührt hätten. Thomaz lachte und war außer sich vor Freude. „Toll, toll, weiter" jubelte er. Ich solle die Münze hochheben. Und wie magnetisiert blieben ein paar Münzen daran hängen. „Super! Super!", schrie er. Bei Barbara passierte das Gleiche, doch die Münze faltete sich nicht in der Mitte sondern machte eine Welle. Wow. Dann legte er erst mich auf ein Bett in einem extra Raum. Ich solle die Augen schließen, ich weiß nicht, was er alles gemacht hat, jedenfalls arbeitete er auch am Kopf und drückte mehrfach mit dem Daumen so kräftig auf mein Drittes Auge, so dass ich fast Angst hatte, er wolle mir physisch eines bohren. Bei so verrückten Brasilianern weiß man nie, oder? In meiner Befürchtung, fiel mir der Film von Clemens Kuby ein, „Aufbruch in die nächste Dimension", in der südamerikanische Heiler auch ganz merkwürdige Rituale, teilweise Schockierendes, für meinen Geschmack machten. Der Trubel im Kopf ließ sich nicht abschalten, ich war nicht offen und konnte mich weder entspannen noch hingeben. Dessen wurde ich mir bewusst, machte mir Vorwürfe, setzte mich unter Druck, wetterte und tobte innerlich. Da zahle ich ein Heidengeld und wenn es so weit ist, kann ich nicht mal fünf Minuten ruhig sein und einfach nur beobachten. Wut, Verzweiflung, Selbstmitleid beehrten mich großzügig. Na bravo! Dann war sie zu Ende, die Energetisierung aber meine private eigene „Rocky Horror Picture Show" noch lange nicht. Ich tigerte draußen im Garten auf und ab, stampfte und meckerte vor mich her, ich steigerte mich regelrecht rein. Die anderen kamen mit total verklärten freudigen Gesichtern raus und strahlten. Es wurden Vergleiche zwischen den verbogenen Münzen angestellt, hatte jeder die gleiche oder jemand eine größere? War sie stärker oder schwächer gebogen. Was, bei einem hatten sich zwei Münzen ineinander verbogen. Waaaas? Hieß das vielleicht, er ist spiritueller oder weiter? Oder brauchte er mehr Energie, weil er so zu ist? Normalerweise wäre das ein gefundenes Fressen für meinen Humor gewesen. Fast schon filmreif. Doch weit gefehlt. Ich war so wütend. Thomaz hatte offenbar jedem bei der Behandlung am Kopf den persönlichen Duft des einzelnen materialisiert und in den Haaren verteilt. Das war mir bislang total entgangen. Ich hatte mich schon gewundert, warum manche sich gegenseitig am Kopf schnüffelten. Das wollte ich nicht auch noch und zog mich so weit es möglich war zurück und wollte mich auch nicht über das Erlebte austauschen. Trotz dieses ganzen Gefühlswirrwarrs war mir eines klar. Thomaz hatte gute Arbeit geleistet, der Prozess war voll im Gange! Irgendwie beruhigte mich das und ich schlief gleich ein. Da der Rückflug gleich am nächsten Tag war, sollte es nach dem Frühstück schon losgehen zum Flughafen. Wera saß neben mir und aß genüsslich ihre Misosuppe. Zum wiederholten Male sagte sie: „Ich liebe meine Misosuppe!" Jemand konnte nicht an sich halten und sagte: „Wenn sie das noch einmal sagt, schreie ich." Aha, ich war wohl nicht die Einzige, bei der das Ego rebellierte. Die bajuwarische Szene hatte sichtlich Spaß und lachte schallend. Wera war dadurch nicht zu beeindrucken. Im Gegenteil, in Seelenruhe genoss sie ihr Süppchen und fragte gerade in die Runde, wer denn Lust hätte, ihr in Basel bei den PSI Tagen zu helfen. Derjenige würde als Ausgleich auch kostenlos das Seminar von Harald besuchen können.

Ahhhh. Noch bevor ich richtig denken konnte, hatte ich schon „Ich" gerufen. Wow. Mein Wunsch zeigte schon Wirkung. Hurra!

Ich freute mich aber mehr nach innen gekehrt, denn ich war noch so müde und noch nicht ganz wach. Das war ganz gut so, denn ich bekam vom ganzen Trubel der Reise nicht viel mit und war froh, als ich zu Hause ankam und mich gleich hinlegen konnte.

-6-
Baseler PSI-Tage und Brasilien II

In der Zeit nach Brasilien wollte ich nur noch eines: Schlafen, schlafen und nochmals schlafen. Gut, dass ich nur vier Stunden am Tag arbeitete. In der restlichen Zeit, waren meine Sinne besonders geschärft in Bezug auf mein Ego. Viele Verwicklungen wurde mir

plötzlich bewusst, der Grund meines Handels, ob ich mich selbstsüchtig verhielt, berechnend, oder eigennützig. Beim Essen spürte ich meine Gier, das Verlangen nach Süßem, die Süchte und Abhängigkeiten. Vieles wurde offensichtlich. Ob ich bestätigt werden wollte, um Liebe buhlte, oder wichtig sein wollte, Erwartungen hatte, Opfer war oder im Selbstmitleid zerfloss. Es gab kein Entrinnen, kein Gemauschel oder Vertuschen. Es lag für mich auf der Hand: das hatte alles mit der Energetisierung und dem Harald II Seminar zu tun. Zum einen war ich total froh und dankbar darüber, denn so wusste ich genau, wo ich stand und wo ich noch Spielraum hatte für Veränderungen. Ungünstigerweise ging ich nicht konstruktiv damit um, sondern machte mich total fertig. Ich war so identifiziert mit diesen Rollen und Verhaltensweisen, d.h. ich dachte ich bin so und fand mich schrecklich. Ich hackte auf mir herum und zerfleischte mich innerlich. Mit so einem „egoistischen Monster" wollte ich nichts zu tun haben! Das gab mir den Rest, ich wurde krank, meine Energie sank, von Liebe und Freude keine Spur. Aber die Spirale ging so rasant abwärts und ich beschäftigte mich so sehr mit den Schwächen, ich analysierte und grübelte, dachte und überlegte.... Glücklicherweise standen die PSI Tage vor der Tür und ich wollte Wera ja unbedingt helfen.
Das war das erste Mal, dass ich zu dieser Veranstaltung nach Basel fuhr.

Wie bereits an früherer Stelle erwähnt, kann man sich das Ganze als eine Art Messe vorstellen auf der sämtliche Spirituelle Dienstleistungen wie Kartenlegen, Hellsehen, Methoden zur Bewusstseinsentfaltung, Astralreisen, Geistheilen, Schamanismus und vieles mehr angeboten und vorgestellt werden. Manche haben dort einen Messestand oder halten Vorträge und Workshops ab. Dann gibt es auch viele Produkte und Hilfsmittel, Bücher und Ähnliches. Man trifft dort Medien, die Kontakt mit Verstorbenen aufnehmen können, Wahrsager, die einem sagen, wer man im letzten Leben war, Heilmittel aus Tibet, Pflanzen aus dem Amazonas, Salz aus dem Himalaja, Steine aus Südamerika, Mantren aus Indien, und vieles, vieles mehr. Es ist ein richtiger Schauplatz für Seltsames, Ungewöhnliches, Skurriles aber auch Berührendes. Auf jeden Fall interessant und erlebenswert, wie ich finde. Mittlerweile findet diese Veranstaltung leider nicht mehr statt.

Damals traf ich zum ersten Mal Stella, ebenfalls „Weras-Helferin", und hatte dadurch Gelegenheit sie näher kennen zu lernen. Sie half mit die Bücher und CDs bzw. Kassetten von Harald zu verkaufen. Denn er hielt dort auch einige Vorträge und Workshops für die Besucher. Und welch Freude: Thomaz war aus Brasilien angereist und begrüßte uns alle sehr überschwänglich mit seinem RA und einer herzhaften Umarmung. Danach war mir einiges klar. Anstatt in dem Ego-Sumpf hängen zu bleiben und mich nach unten ziehen zu lassen, hätte ich sagen können ok, das ist meine Geschichte, aber ab jetzt mache ich es anders. Gar nicht lange analysieren, sondern gleich neue Phantasien anstellen, wie mein Leben ab jetzt sein sollte.

Während der PSI Tage spürte ich eines ganz genau: Ich wollte noch mal mit nach Brasilien und zwar gleich im Januar. Ob ich mir Thomaz leisten konnte, wusste ich nicht, aber immerhin mit dem Weihnachtsgeld konnte ich auf jeden Fall beim Harald Seminar teilnehmen. Stella wollte auch dabei sein und wir beschlossen uns ein Zimmer zu teilen. Die Zeit bis dahin verging sehr schnell und ehe ich mich versah, war ich wieder in Tabatinga, dem Seminarort in Brasilien. Wir wurden sehr herzlich im Hotel empfangen. Das Seminar erlebte ich intensiv. Das Frühstück war wie immer eine wahre Wonne mit all diesen leckeren Kuchen und Torten waren wieder da in ihrer ganzen Pracht. Schokolade, Banane, Karamell, Ananas und noch viel mehr. Dazu selbstgemacht. Auch dieses Mal beschäftigte sich dieses Seminar wieder mit der Stimme des Herzens und dem Kontakt zur Ebene II. Damit sich jeder besser einschätzen konnte, wo er gerade steht im Leben, erzählte Harald ein paar Merkmale für einen Menschen, der auf die Stimme des Herzens hört und im Gegenzug dazu, der nicht auf sie hört.

Der Herz-Typ:

- *Die Stimme des Herzens ist die Stimme der Seele und somit letztlich die Stimme des*

Urgrundes, daher fühlt man sich immer sicher, geborgen und hat einen immensen Sinn für Schönes, für Freude und für Angenehmes.

- *Er freut sich an allem z.B. wenn es auch noch so ein nebensächliches Details sein mag, z.B. das Dekor auf der Kaffeetasse, nur ein Dekor und doch total gut gemacht. Solche merkwürdigen Ideen kommen plötzlich, überall ist Schönes und Angenehmes immer im Einklang mit Schönheit.*
- *Er betrachtet andere sehr wohlwollend, hat keinen Drang mehr sich aufzuregen.*
- *Es ist ihm völlig egal was gestern war, er macht sich nur Gedanken, über das was ist.*
- *Er ist extrem liebevoll mit den Dingen, sehr aufmerksam, z.B. knallt er nicht einfach die Autotüre zu oder schüttet achtlos Wasser über die Pflanzen.*
- *Er ist ständig auf der Suche nach Besonderheit in den Dingen, er fühlt sich wohl, weil z.B. die Bettwäsche so schön ist oder sich so angenehm auf der Haut anfühlt, die Schuhe so gut passen, die Semmel so schön knusprig ist.*
- *Er ist immer ein Abenteurer, er weiß nie was als nächstes kommt und er liebt das so, d.h., er liebt Überraschungen. Das hilft ihm, aus sich heraus zu gehen.*
- *Er versteckt sich hinter keinem Menschen, ist sehr authark und selbständig, er liebt die Dinge, die er hat, lebt aber nicht durch sie, d.h., ist nicht abhängig davon.*

- *Er hat keine eindeutige Richtung im Leben, seine Richtung ist die Stimme des Herzens und nachdem er nicht weiß, was die als nächstes sagt, hat er eben keine Richtung.*
- *Er hat großes Vertrauen, dass alles gut wird für ihn **und** für alles was ist.*
- *Er ist sehr unbeschwert und vergnügt.*
- *Er nimmt alles an, was das Universum ihm bietet und überlegt nicht, wohin das führt.*
- *Alles was er macht, macht er gründlich. Keine Halbheiten.*
- *Er legt keinen Wert auf Dialog. Er legt Wert auf klaren Ausdruck, Was ein anderer für eine Meinung hat, ist ihm relativ gleichgültig.*
- *Reden ist nicht seine besondere Strategie mit dem Leben umzugehen, sondern das Erleben. Er ist ein Erlebnistyp.*
- *Er ist sehr weich und fliesst.*
- *Jede Art von Abhängigkeit oder Verbindlichkeit ist ihm zuwider.*
- *Er fühlt sich nie einsam.*

*Der **Nicht**-Herz-Typ:*

- *Ist immer irgendwie verunsichert, hat Ängste und Zweifel, die Tendenz an dem festzuhalten was er schon kennt und was vertraut ist und daher gut ist.*

- *Begrenzte Sichtweise, sehr langweilig sich mit ihm zu unterhalten, hat immer die gleichen Themen, (Wirtschaft, Geld, Autos, Politik)*
- *Sehr distanziert gegenüber Neuem.*
- *Wenn Vereinbarungen oder Erwartungen nicht erfüllt werden, regt er sich schnell auf.*
- *Sehr starres Wertesystem, regt sich gerne über Belangloses auf (es ist zu kalt/zu heiß, das Essen ist schlecht, die Bedienung mies, das Fernsehprogramm übel, der Nachbar zu laut.*
- *Unglaublich misstrauisch, ständig hat er Angst ihm wird etwas weggenommen oder er wird betrogen.*
- *Immer ist er eher bekümmert es könnte was schief gehen, oder er könnte krank werden.*
- *Fühlt sich allein, z.B. Wenn der Partner zu lange weg bleibt, der Sohn/die Tochter nicht anruft, der Sender das falsche Programm ausstrahlt, er in einem fremden Bett liegen muss.*

Obwohl es wichtig gewesen wäre, für mich zuzuhören, konnte ich mich nicht richtig auf das Gesagte konzentrieren. Ich grübelte ständig darüber nach, ob ich anschließend noch zu Thomaz gehen wollte. Ich wusste zwar, nach dem Seminar würde ich eine Summe von 3.000 Euro erhalten, aber mit meinen anfallenden Kosten würde alles sehr knapp werden und ich könnte mir sonst nichts leisten. Dabei hatte ich ein paar Anschaffungen geplant. Mein Auto sollte auch überholt werden. Ich wollte ganz vernünftig sein und auch diszipliniert. Da ich von früher oft das Gefühl hatte, etwas zu verpassen, dachte ich mir, es wäre eine gute Gelegenheit, mir das Gegenteil zu beweisen. Wenn alle hingehen würden, würde ich tapfer zurück bleiben und mein Geld nicht verpulvern. Ein Teil in mir war zwar traurig, aber ich würde stärker sein, motivierte ich mich selbst. Ich konnte nicht mehr unterscheiden, was ist meine Stimme des Herzens, was die Vernunft bzw. die Geschichte. Ich wollte keine Kopfentscheidung treffen und bat daher vor dem Einschlafen innerlich um Ordnung, Klärung und Heilung.

In der Nacht hatte ich dann einen Traum. An den Inhalt kann ich mich nicht im Detail mehr erinnern, aber das Gefühl und die Konsequenz daraus sind mir bestens bekannt.

Ich träumte von meiner Kindheit, wo pure Freude der Grund meines Handelns war, keine Vernunft oder auferlegte Selbstdisziplinierung. Es fiel mir wie Schuppen von den Augen, wo ich oft selbst hart zu mir selbst war und lieblos, ich mich mit falscher Vernunft oder übernommenen Werten quälte und mir Bandagen meines Verstandes anlegte. Ich vergewaltigte mich selbst. Tränen liefen und liefen. Ich schluchzte auf dem Balkon und konnte nicht mehr aufhören. Etwas tief in mir fing an sich aufzulösen und zu heilen. Ich wollte liebevoller mit mir selbst umgehen und auf meine Bedürfnisse achten. Mein Augenmerk darauf richten worauf meine Freude lag. Erleichtert freute ich mich über diese Erkenntnis. Aber es ging noch weiter: Auch war mir eines klar, ich hatte auch wieder ein schlechtes Gewissen meinem Vater gegenüber. Dass ich mein Geld verschleudere. Ich wollte ihm bzw. seinen Erwartungen gerecht werden und dafür seine Bestätigung und Anerkennung erhalten. Ich wusste zwar, dass es ziemlich blöd war, aber wenn ich dann wieder zuhause bin und ihm gegenübertrete, dann ist es gar nicht so einfach, zu sich zu stehen. Egal, da muss ich durch, dachte ich mir. Lebe ich mein Leben für mich oder für meinen Vater? Ich wollte zu Thomaz gehen. Einfach nur, weil es mir Freude macht. Ich fühlte mich wohl in der Gegenwart dieses verrückten und ungewöhnlichen Brasilianers. Er ist für mich ein Vorbild. Er tut nur das, was er gut findet und wo er Freude hat und vor allem, er handelt aus dem Moment für den Moment ohne zu überlegen was die Konsequenzen sind. Das will ich auch lernen. Ich beschloss, mit zu gehen. Stella umarmte mich und freute sich mit mir. Wir sprangen wie zwei Kinder umher und hüpften mitsamt der Kleidung in den Pool und spritzten alle nass, die in die Nähe kamen. Und dann stürzten wir uns aufs Frühstücksbuffet und genossen nach Herzenslust die Köstlichkeiten.

Am nächsten Tag ging's dann auch gleich los zu Thomaz. Im Gegensatz zum ersten Mal, war die Aufregung geringer und ich hatte umso mehr das Gefühl, Freunde zu besuchen. Alles war schon vertraut und mit angenehmen Gefühlen verknüpft. Berührend fand ich auch, dass wir selbst von den Hotelangestellten wie „Heimkehrer" begrüßt und empfangen wurden. Ich möchte hier nur ein paar kurze Eindrücke vermitteln und nicht viele Details preisgeben. Es ist eine so persönliche Erfahrung und ich finde, jeder sollte sich selbst ein Bild darüber machen.

Im Gegensatz zu meinem ersten Besuch bei Thomaz, voller Aufregung und Erwartungen, war ich dieses Mal wesentlich ruhiger. Ich bemühte mich, alles wahrzunehmen, zu genießen und mich voll und ganz auf die Situation einzulassen. Merkte aber auch, dass es mir wichtig war, einen souveränen und gelassenen Eindruck zu machen. Ich wollte insgeheim Thomaz beeindrucken, damit er sah, wie viel ich doch schon gelernt hatte. Wie schnell ich gelernt habe. Ganz ganz ehrlich erhoffte ich mir durch diese Strategie, dass er mir was Besonderes zeigen würde. Insgeheim wollte ich entdeckt werden von ihm, herausgepickt aus der Gruppe, wie das spirituelle Aschenbrödel. Letztes Mal noch ganz gierig auf Wunder, niedriges Niveau, aber das nächste Mal schon so bescheiden und kurz vor der Erleuchtung. Er sollte so ein Bild von mir gewinnen, „Wie toll!" sollte er denken. „ Die Tina bezahlt diese Summe nur, weil sie Freude haben möchte und das ganz ohne Erwartungen. Das muss belohnt werden!" Ich wollte so gerne was Besonders sein. Auch vor den anderen gelobt werden. Ich fühlte mich ja eh immer gerne überlegen und wollte, dass es auch bestätigt wurde, vom Meister persönlich. Mit Brief und Siegel. Ja die Tina hat die besonderen Wunder erlebt, weil sie schon so viel erkannt und gelernt hat. Sie ist ein echtes

Vorbild. Das Beste daran ist, damals glaubte ich das wirklich. Klar, dass Thomaz diese Ego-Nummer durchschaute. Er ignorierte mich nämlich völlig. Aber das war mir ehrlich auch lieber als wenn er mich übertrieben auf die Schippe genommen hätte und mir seine besondere „Aufmerksamkeit" hätte zuteil werden lassen. Also noch Glück gehabt.

Nichtsdestotrotz hatte die ganze Gruppe Spaß. Jedenfalls soweit ich das beurteilen kann. Innerlich machte jeder wohl seinen eigenen Prozess durch. Jedoch gaben sich alle ausgelassen und unkompliziert bei dem Treffen mit Thomaz. Einige spielten Volleyball mit ihm, ein paar schubste er übermütig in den Pool und zwischendurch erzählte er aus seinem Leben. Dieses Mal war auch eine Frau namens Maria dabei, eine langjährige Freundin von ihm. Sie ist extra für uns aus Rio angereist, nachdem er sie gebeten hatte, zu kommen und uns einige Geschichten zu erzählen, die sie mit ihm erlebte. Das tat sie dann auch gerne und bereitwillig. Sie strahlt soviel Freude und Liebe aus, dabei plappert sie am laufenden Band. Manchmal wurde es sogar Christine zu viel, da sie selbst nie zu Wort kam.   Maria lacht dann nur, wirft ihre Haare zurück und sagt: Ich weiß, ich kann nichts dafür, aber ich bin Kanal!

Sie hat schon viel erlebt und gesehen mit Thomaz. Z.B. zeigte sie uns ein silbernes Blatt in der Größe einer Münze auf dem „RA" eingraviert war. Das war mal ein echtes Blatt einer Rose, sagte sie. Sie bewunderte damals einen Rosenstrauch und Thomaz, der daneben stand, meinte sie sollte ein Andenken daran erhalten. So nahm er das Blatt in die Hand, schrie kurz RA und schon war es durch und durch aus Silber inklusive Gravur. Ja, strahlte sie über das ganze Gesicht, ich kenne Thomaz schon sehr lange. Wenn ihr wollt, fahren wir jetzt zu der Stelle an der Thomaz das erste Mal der Blitz getroffen hatte. Vorher zeige ich noch die Bilder, die damals ein Freund machte. Es waren viele Ufos darauf zu sehen. Und interessanterweise war auf den Bildern auch das Datum zu sehen vom Tag der Aufnahme. Interessant deshalb, weil die meisten Bilder vom 30. und 31. Januar viele Jahre zuvor aufgenommen worden sind und diese zwei Tage ebenfalls am 30. und 31. stattfanden. Hatte es etwas zu bedeuten? Würden wir Ufos sehen? Kontakt haben zu Außerirdischen? Noch dazu würden wir ja gleich an den berühmten See fahren. Sollten wir alle noch schnell Angelruten besorgen? Oh nein, da waren sie wieder, Erwartungen, Erwartungen und nochmals Erwartungen! Vom ersten Besuch wissen wir ja jetzt ganz genau was das bedeutet. Wir sahen gar nichts. Im Gegenteil, ich persönlich fand den See eher langweilig, er war auch schon eingetrocknet über die Jahre und es war heiss dort. Wir standen noch lange an der kleinen Grotte mit einer Marienstatue, mit der er damals ein echtes Wunder erlebte. Natürlich getraute ich mich damals nicht, es zuzugeben, dass ich es im Grunde echt öde fand. Jetzt fährt er extra mit uns zu dem See, zeigt uns wo alles begann und mich interessiert es nicht mal wirklich. Ich wollte, dass was passierte. Ich wollte auch ein Wunder erleben. Auch auserwählt sein. Avron V sollte erkennen, ach ja die besondere Gruppe ist da, die geben sich soviel Mühe und sind schon so weit entwickelt. Wir sollten die auch mit kosmischen Strahlen energetisieren und levitieren lassen. Wir sollten sie zu kleinen Meistern ausbilden. Das wollte ich. Stattdessen stand ich brav wie bei einem Schulausflug, tat wahnsinnig interessiert und gerührt damit ich auch ja einen guten Eindruck bei Thomaz hinterließ. Nickte ab und zu beflissen und gab mich beeindruckt. Ich kam mir so blöd vor dabei, denn die anderen schienen ernsthaft berührt zu sein und geehrt, dass sie dort sein durften am heilen Ort und ich war wieder nur auf Wunder aus. Schämen sollte ich mich!

Wir hatten noch viel Zeit uns mit Thomaz zu unterhalten. Wie das letzte Mal endete der Abend auch wieder mit einer gemeinsamen Mentalisation und einem anschließenden Abendessen.

Der nächste Tag begann ruhig und wir waren alle gelassen. Viele waren jetzt schon das zweite Mal mit dabei. Wir wussten was auf uns zukommt in der Energetisierung und wie der ungefähre Ablauf sein würde. Natürlich konnte sich das noch alles ändern, denn bei Thomaz weiß man nie, was ihm kurzfristig alles einfällt. So und dann war es wieder so weit, ich war an der Reihe für Einzelenergetisierung. Ich erlebte es viel intensiver als beim ersten Mal. Es war ein sehr tiefes bewegendes und zugleich berührendes Erlebnis. Thomaz materialisierte meinen Duft und jede Zelle in mir schien sich zu erinnern wie mein Urzustand war. Ich empfand Liebe durch und durch – für mich, für alles und jedes. Ob ich überhaupt noch mal eine Münze biegen möchte, fragte mich Thomaz lachend? Der ist gut, dachte ich mir, so was lässt man sich doch nicht entgehen! Natürlich! sagte ich, und dieses Mal bog sich die Münze auf Anhieb, noch bevor ich die Hände überhaupt verschlossen hatte. Ein gutes Zeichen.

***

Die aufredenden Ereignisse nahmen kein Ende. Jennifer und Stella, meine beiden Weggefährten, fühlten sich so wohl in Brasilien, dass sie beschlossen gemeinsam länger zu bleiben auf unbestimmte Zeit, abhängig davon, ob sie das Visum verlängern können. Wow, fast war ich neidisch. So frei möchte ich auch sein. Mit meinem Job und meiner Wohnung ist es gar nicht möglich dem Fluss zu folgen und spontan Entscheidungen zu treffen. Das wurde mir mehr als klar. So wollte ich es auch erleben. Ich will genauso unabhängig sein und sozusagen die Grundlage schaffen, meiner Stimme des Herzens immer folgen zu können. In meiner Phantasie malte ich es mir aus wie es sich anfühlt und kreierte dazu passende Situationen. Und eines wurde mir auch klar, ich will nicht mehr angestellt sein, sondern nur noch selbständig arbeiten. Wann ich will, wo ich will und mit wem ich will. Am liebsten nur noch mit Freunden arbeiten. Es soll sich für mich gar nicht mehr anfühlen als würde ich arbeiten. Der Unterschied soll auch nicht mehr bemerkbar sein, ob ich Urlaub habe oder nicht. Ich will mich immer fühlen wie im Urlaub und mein Leben soll mühelos sein.

-7-
Frei von der Vergangenheit

Genau das richtige Seminar nach Brasilien! Ich wollte mich nun endgültig von meiner Geschichte lösen. Meine Arbeit sollte auch bald zu meiner Vergangenheit gehören! Mit dieser Absicht begab ich mich auf das Seminar. Schon allein die Einführung von Harald in dieses Thema ließ für mein Empfinden an Deutlichkeit nichts zu wünschen übrig. Ich habe daraus so viel Erkenntnis und Nutzen gewonnen, dass ich die Inhalte als sehr hilfreich und grundlegend erachte. Das Wichtigste habe ich zusammengefasst und dafür mal das Drumherum weggelassen. Es war wie immer, Harald kam nicht zu früh, es gab reichlich Apfelstrudel, keine Liebesgeschichte, die aufgefallen wäre, die bajuwarische Szene war nicht da, keine besonderen Vorkommnisse oder Abartigkeiten, jeder hing an Haralds Lippen und zog innerlich Bilanz, was die persönliche Lebensführung anbelangt.

Also äußerste Konzentration. Ich gebe nun das Wort an Herrn Wessbecher:

„Zu allen meinen Seminare, die mit Lebensgestaltung zu tun haben, gehört die Beobachtung, dass wir mehr sind als die eigene Geschichte. Meine Annahme ist eine völlig andere, als vielleicht die der traditionellen Psychologie oder von manchen esoterischen Aussagen, dass wir nämlich hierher kommen mit einem Bewusstseinskörper, der in sich stabil und intakt ist. Und ich nenne diesen Körper Wesen. In diesem Wesen ist verschlüsselt, eine Art Grundpersönlichkeit, die besteht aus Fähigkeiten, Sehnsüchten, aus Möglichkeiten, die uns einen Weg zeigen durch dieses Leben und damit gleichbedeutend ist, mit ich lebe nicht nur um zu überleben, sondern ich überlebe, um der

Bestimmung meiner Grundpersönlichkeit nachzukommen. Und erst dann, wenn ein Mensch seine Grundpersönlichkeit fühlt, ihr nachkommt, sie erreicht, hat er den Eindruck, er ist intakt im Leben, er ist erfüllt, das Leben hat sich gelohnt. Wer sein Wesen weder spürt noch lebt, insofern sich auch nicht annähert an seine Bestimmung mit der er hier hergekommen ist, der wird sein Leben lang verfolgt, von einem Gefühl der Leere. Es gibt nun viele Strategien, wie dieses Gefühl überlagert wird. Man kann also mit enormem Leistungsdrang und innerer Unruhe durch das Leben jagen und sich dann vormachen, wenn ich viel leiste, dann hat sich das Leben gelohnt. Diese Illusion bricht zusammen in dem Moment, wo ich sterbe und ich frage mich, wozu das alles gut war. Oder ich glaube, ich muss geliebt werden ohne Ende, wenn ich viele Menschen kenne im Leben, die mich lieben, dann hat sich mein Leben gelohnt. Auch das erübrigt sich am Ende des Lebens!"

Das, was mir auch aufgefallen ist, dass die Analyse der Geschichte überhaupt nicht weiter hilft, denn das Beschäftigen mit der Vergangenheit war letztendlich der Grund, warum die Energie in die Vergangenheit floss und nicht in das Wesen und warum die Vergangenheit mehr und mehr die Menschen geprägt hat und das Wesen weniger und weniger Einfluss hatte, auf das was ein Mensch tut.

Die Grundaussage ist: Ein Mensch ist zunächst nicht seine Geschichte, sondern er ist ein Wesen. Ein Wesen, das existiert hat, bevor es hierher gekommen ist. Und dann hat sich die Geschichte wie ein Mantel um ihn gelegt und angefangen, sein Verhalten und seine Wahrnehmungsmuster zu prägen. Und was ich auch weiß ist, dass das, was ich denke und fühle und die Art und Weise wie ich meine Wahrnehmung lenke letztendlich darüber entscheidet, was im Leben passiert. Da aber das, was passiert, dem entspricht, was ich früher wahrgenommen habe, halte ich es für konsequent und es fällt mir nicht auf, dass es das Produkt meiner Geschichte ist. Ich denke die Wirklichkeit ist so. Und da ist der Fangschuh! Indem ich denke, die Wirklichkeit ist so und ich bin so, wie meine Geschichte mich geprägt hat, vergesse ich, dass irgendetwas anderes in mir lebendig ist. Und jetzt glaube ich, ein Trugschluss der traditionellen Psychologie besteht darin, dass man einem Menschen helfen kann, indem man seine Vergangenheit durchschaubar macht. Es kann vielleicht eine Linderung darstellen, hat aber nichts mit der Entdeckung des Wesens zu tun!

Dieses Seminar ist ein Seminar, das auf Freiheit abzielt. Freiheit wie ich mit dem Leben umgehen kann, Freiheit im Gestalten meiner Wirklichkeit, indem ich über das hinauswachse, was ich als Mantel meiner Geschichte angezogen habe. Ich möchte Euch in diesen Tagen klar machen und auch zeigen, wie es möglich ist, diesen Mantel vom Wesen zu unterscheiden und damit in eine völlig neue Sichtweise zu kommen über uns selbst und über das, was möglich ist.

Immer dann, wenn mein Wesen zum Zuge kommt, also immer dann, wenn ich wesentlich bin, was Wesentliches denke, was Wesentliches fühle, immer dann geht mein Energieniveau nach oben. Der Grund dafür ist, dass dieses Wesen nicht nur einen Filter darstellt, sondern auch ein Magnet für kosmische Energie ist. Aber diese kosmische Energie kann nur dann befreit werden, wenn der Filter des Wesens, d.h., die Sehnsüchte oder die Fähigkeiten zum Ausdruck kommen. Immer dann, wenn etwas Wesentliches passiert im Leben, wird diese Energie befreit und mein persönliches Energieniveau geht nach oben, messbar!

Hierzu gibt es eine interessante Übung. Um rauszufinden, was im eigenen Leben genau im Moment vorhanden ist, privat und beruflich. Sozusagen den Ist-Zustand. Man macht zwei Listen: Was gibt mir Energie? Was nimmt mir Energie? Von der Wohnungseinrichtung über die Zahnbürste, bis zum Partner, der Frühstückssituation, meinem Auto, dem Weg zur Arbeit – alles!

D.h., selbst wenn ich noch nicht weiß, wie mein Wesen ist, kann ich über den Energiezustand herausfinden, ob ich etwas Wesentliches tue. Das ist schon mal gut zu wissen. Denn ein wesentlicher Schritt besteht darin, Unwesentliches zu beseitigen, damit Raum entsteht für Wesentliches. Viele Menschen haben da eine merkwürdige schrullige Sichtweise, die sagen: Erst wenn ich weiß, was zu tun ist, fange ich an Veränderungen zu machen. Alles andere ist zu großes

Risiko. Das funktioniert selten. Es funktioniert viel besser, erst alles weg zu tun was Unwesentlich ist. - Dadurch entsteht quasi ein Vakuum, in das wesentliche Energien hineingesaugt werden. D.h., man ist viel besser dran, aufzuräumen – alles weg was nicht mehr da sein sollte und dann abzuwarten, was alles hineingesaugt wird. Erst kommt die Qual, dass das Vertraute weg ist, dann kommt ein enormes Gefühl von Befreiung, dann kommt ein enormes Gefühl von Verzweiflung, weil nix mehr da ist und dann kommen langsam neue Ideen. Langsam! Denn wer lange, sprich 10, 20, 30 oder mehr Jahre unwesentlich gelebt hat, kann sich nur schwer mit wesentlichen Ideen anfreunden.

Viele Menschen warten und warten bis die zündende Idee kommt. Man kann warten bis man stirbt. Es kommt nicht von selbst. Damit etwas kommen kann, brauche ich Raum und Beweglichkeit. Ich fange an zu reisen, ich tue neue Dinge, ich verhalte mich anders, wie ich mich noch nie verhalten habe, ich treffe andere Menschen, lese andere Bücher usw.
Gibt es dazu Fragen?

Teilnehmer: „Das würde ja bedeuten, dass ich Menschen, von denen ich spüre, dass sie Energiefresser sind, auch wenn sie im Bekannten- oder Verwandtschaftskreis sind, meide, richtig? Das bedeutet, dass diese Menschen Kontrolle über mich haben?"

Harald: *„Vielleicht nicht Kontrolle. Aber es bedeutet, dass das, was von ihnen ausgeht, deinem Wesen nicht entspricht."*

Teilnehmer: „Das bedeutet, dass ihre Anwesenheit mein Verhalten kontrolliert?"

Harald. *"Ja, oder zumindest, dass es Deine Energie lähmt. Solange ich nicht dort bin, dass ich Energie im Überfluss habe, dass ich alles ausgleichen kann, tue ich gut daran, sparsam umzugehen mit meiner Energie. Es ist viel besser genährt zu werden vom Umfeld. Liegt doch auf der Hand!*

Energie ist ein kostbares Geschenk im Leben. Denn alles, was wir bewegen im Leben, basiert auf Energie. Gesundheit, Jugend, Erfolg, Ausstrahlung - alles. Und dieses kostbare Geschenk von Energie zu vergeuden, ist gleichbedeutend mit Perlen vor die Säue werfen. Es ist schade drum.

Ein Energiefresser ist dann ein Energiefresser, wenn seine Energie deinem Wesen nicht entspricht. Weil er blockiert durch seine Resonanz deine Energie. Das ist nicht gut oder schlecht, das ist völlig wertneutral. Das kann auch ein Ort sein, beispielsweise. Und das hat mit Moral, Ethik, Vergangenheit, Glaubenssätzen gar nichts zu tun. Nur wer ein völlig stabiles Energiesystem hat, kann alles ausgleichen. Woran erkennt man einen Menschen, der ein völlig stabiles Energiesystem hat?

Ein paar Merkmale:
- so ein Mensch hat ständig Energie. Er hat keinerlei Energielöcher
- Seine Stimmung ist völlig ausgeglichen. Nie hoch, tief, rechts, links
- Er ist überhaupt nicht reaktiv. Egal was passiert, er ist immer der gleiche
- Er hat ein absolutes Gedächtnis und absolute Konzentrationsfähigkeit
- Er bleibt in der Stimmung, in der er sein möchte, unabhängig von den Umständen
- Er inspiriert andere Menschen, indem er ihnen Energie abgibt, weil er soviel hat
- Er wird selten krank, und wenn, wird er sofort wieder gesund aus eigener Kraft
- Er kann essen, was er will und er kann in jede Klimazone
- Er wirkt sehr jugendlich, egal wie sein Alter ist

Im Gegensatz dazu jemand, der wenig Energie hat:
- Er hat Stimmungsschwankungen
- Er ist verletzlich
- Er ist gekränkt
- Er entwickelt Wut
- Er fühlt sich ausgestoßen, vernachlässigt
- Er hat Ängste
- Er wird leicht krank
- Er hat keine Ausstrahlung auf andere Menschen

Spannend, oder? Gibt's noch Fragen?

Teilnehmer: „Ja, jetzt ist es ja in vielen Bereichen einfach, sich von Energiefressern zu trennen. Aber schwierig ist es doch mit den Kindern. Also, grad bei Frauen ist es doch echt schwierig zu sagen, ok meine Kinder fressen meine Energie auf. Was mache ich jetzt mit den Kindern? Oder muss ich die auch loswerden?"

Harald (lacht): *„Also, ich könnt jetzt sagen, erziehe Kinder zu glücklichen Kindern und du hast kein Problem. Aber wenn das nicht so klappt oder die Kinder ein bissl eigenwillig sind, kann ja sein, dann ist es so, dass eine Mutter darauf achten muss, dass ihre Reservebatterie sich füllt. Das bedeutet, sie muss sich Raum schaffen innerhalb der Beziehung, innerhalb der Familie. Und da ist es oft so, dass viele Mütter das nicht begreifen. Weil Raum schaffen heißt, sie gehen in irgendein Café mit irgendeiner Freundin und quatschen. Dann hat sie zwar Zeit für sich, aber die geht drauf für blödes Kaffeegetratsche, für Rauch im Café, dann kommt sie nach Hause und fühlt sich auch nicht fit – weil sie nichts Wesentliches getan hat. D.h., wenn eine Mutter ihre Reservebatterie auffüllen will, dann muss sie nicht nur dafür sorgen, dass sie Zeit hat, sondern auch dass sie diese Zeit mit etwas Wesentlichem auffüllt. Was immer das eben sein mag. Dann hat sie auch eine andere Ausstrahlung auf die Kinder und kann die Kinder entsprechend viel besser prägen. In eine positive Richtung. Nichts ist schlimmer* *als eine erschöpfte Mutter, denn sie ist nicht mehr in der Lage ihre Visionen den Kindern zu vermitteln und dann entgleisen diese.*

Also wisst ihr noch, warum ich überhaupt von Energiefressern gesprochen habe?
Auch wenn ich das Wesen noch nicht entdecke, ist es wichtig, erstmal Raum zu schaffen dafür."

Ich hatte dazu auch noch eine Frage: „Wenn mir spontan nichts einfällt, was mir Energie geben könnte, dann hilft es doch auch in die Natur zu gehen, oder?"

Harald: *„Natur ist immer gut! Die optimale Mischung von Natur wäre ein Fels im Wald. Denn der Körper besteht zwar zu 95% aus Wasser und nur zu 5% aus Mineralien aber diese 5% steuern viele Körperprozesse. D.h., wenn ich rausgehe und in Resonanz gehe mit den Mineralstoffen in der Natur – wie mit einem großen Felsen – damit komme ich in die ursprüngliche Schwingung. Dann werden noch die Energie und die Ruhe der Pflanzen auf mich übertragen."*

Ich: „Wie lange mache ich das?"

Harald: *„Mindestens eine Stunde sollte es schon sein!"*

Noch eine Teilnehmerin hatte eine Frage.

Teilnehmerin: „Es klingt ja alles schön und gut, aber wenn ich rausgehe in die normale Wirtschaft, so wie wir halt alle sind mit einem ganz normalen Job. Man kann sich das nicht einfach so raussuchen wie man arbeitet und wo. Es gibt so bestimmte Strukturen, da muss man sich arrangieren. Man muss seine Brötchen verdienen."

Harald: *„Die erste Frage ist hier: Warum haben sich diese Strukturen etabliert? Weil keiner was dagegen unternimmt. Woraus besteht so eine Firma? Aus den Leuten die dort arbeiten, aus Leuten, die Ideen bringen, aus den Leuten, die Kundenkontakte herstellen. im Prinzip besteht so eine Firma aus Menschen. Jetzt stell dir vor: All diese Menschen würden darauf achten, dass die Firma nur Energie abgibt, dann wäre das Problem gelöst. Wenn keiner anfängt, darauf zu achten, ist nichts gelöst. Wenn viele Menschen anders denken würden, dann würde wahrscheinlich die Arbeitszeit, die Ordnung der Zeit, die Art, wie man mit Menschen umgeht, sich verändern. Aber die meisten Menschen trauen sich nicht. Warum? Aus Angst, sie könnten den Job verlieren, sie haben keinen Zugang mehr. Wenn viele Menschen Angst haben, können die, die keine Angst haben, beliebig viele Regeln machen. Alles geht in eine Spirale, die immer mehr den Bach runter, bis am Ende jeder erstickt. Und heutzutage ist es so. Die Firmen werden immer unmenschlicher und die Menschen werden erstickt und dann fliegen sie raus, weil sie nicht mehr brauchbar sind. Dann werden neue geholt und so* *weiter. Jetzt kann man natürlich sagen, aus Angst ordne ich mich dem unter, solange bis ich ersticke, dann muss ich neu überlegen. Ich denke, das ist keine gute Strategie. Es wäre besser sich wesentlich zu verhalten! Thomy weiß wovon ich spreche, oder?"*

Thomy nickte.

Dann zum Abschluss des ersten Tages gab es noch eine Meditation.
Am nächsten Tag ging es genauso spannend weiter:

Gleich zu Beginn gab es einige Fragen. Z.B. fragte jemand, wie sie sich selbst besser motivieren könne um in Aktion zu kommen. Prompt kam folgende Antwort:

"Es gibt im Prinzip zwei Wege, um einen Menschen zur Aktion zu bringen. Entweder man wartet bis der Leidensdruck groß genug ist. Funktioniert gut, aber führt über Energielosigkeit in eine problematische Art die Dinge zu bewegen. Oder du entwickelst Leidenschaft, Sehnsucht nach etwas. So wie wir leben ist unser Blick auf das gerichtet, was erledigt werden muss, das erzeugt keine Leidenschaft. Das heißt, wenn es uns gelingt eine Leidenschaft zu entwickeln, was denn stattdessen sein könnte in der Phantasie, dann führt diese Sehnsucht zu einem Anwachsen der Energie, denn die Phantasie an sich ist schon gut, weil die dir dann hilft, diese Sehnsucht wahr werden zu lassen. Wie kann ich soviel Sehnsucht entwickeln, dass

es mich irgendwohin zieht? Das geht nur über die Phantasie, indem du dir vorstellst, was könnte wie sein? Wie könnte ich mich freuen? Was wäre ein schöner Weg, eine schöne Situation? Ein schöner Wohnraum? Ein schönes Büro? Ein effizientes Arbeiten? Phantasien darüber, wie es gehen könnte, diese setzen sofort Energie frei. Motivationsenergie. Du brauchst z.B. eine Vision, wie du in der Sonne spazieren gehst und genießt. Dafür stehst du früher auf. Oder stellst dir vor, wie du in ein tolles Café gehst, mit Blick über den See, da isst du Strudel und lässt es dir gut gehen. Sitzt da einfach nur, weil es schön ist. Ich kenn mich da aus!

Gelächter war die Folge.

Dann gab es noch eine tollen Vortrag von Harald II zu diesem Thema. Natürlich fing dieser auch wieder mit seinen berühmten Worten an:

„Seid gegrüßt liebste Freunde in dieser außerordentlichen Runde. Was den Menschen und das menschliche Bewusstsein erheblich unterscheidet von allen anderen Bewusstseinsformen, von der Welt wie ihr sie kennt, ist die Kraft der Phantasie. Phantasie verstanden als die Fähigkeit Bewusstseinsinhalte beliebig neu zu ordnen. Und damit Schöpfungsenergie zu prägen, daraus eine beliebige Wirklichkeit entstehen zu lassen, die sich als Euer erlebbares Leben dann darstellt. Diese Fähigkeit der Phantasie ermöglicht es

dem Menschen, sich zu befreien aus dem Einfluss seiner Vergangenheit, aus seiner subjektiv erlebten Geschichte, aber sich genauso zu befreien aus der Gegenwart und der Wahrnehmung, derselben in dem die Wahrnehmung über die Kraft der Phantasie beliebig neu strukturiert werden kann. Es ist dabei völlig unerheblich, ob diese Wahrnehmung sich auf die Vergangenheit bezieht und sich dann als Erinnerung darstellt als menschliches Gedächtnis oder ob sich die Wahrnehmung auf das äußere Umfeld bezieht auf das scheinbare Jetzt oder sogar auf die Zukunft und deren mannigfachen Möglichkeiten. Es ist die Kraft der Phantasie, mit der der Mensch Distanz gewinnen kann zu dem was er glaubt zu sein, bis zu diesem Punkt, und zu der Entwicklung die er von diesem Punkt an möglicherweise zwangsläufig gehen zu müssen glaubt und damit ganz beliebig ein freies Schicksal zu gestalten. Kein anderes Lebewesen oder keine andere Bewusstseinsform, die ihr kennt auf dieser Welt hat diese Freiheit. Es ist die Freiheit der beliebigen Strukturierung von Bewusstseinsinhalten und das Füllen derselben, mit der Kraft der Gefühle, mit der Kraft der Gedanken, mit der Kraft der Visionen. Dazu kommt, dass diese Phantasie durch Willenskraft energetisierbar ist in einer beliebigen Form. Und wenn die Energie sich anreichert und die Bilder im Bewusstsein des Menschen lebendig werden lässt und dann das manifestieren bzw. materialisieren was als Inhalt in dieser Bewusstseinsform ist. Willenskraft ist abhängig von dem persönlichen Energiezustand, in dem sich ein Mensch verhält. Eine Phantasie nicht energetisiert, ist bedeutungslos. Es gibt viele Menschen, die haben reichlich Energie und wenig Phantasie, nichts geschieht. Es gibt Menschen mit einfältiger Phantasie, aber mit hoher Energie, viel geschieht. Nämlich alles was zum Inhalt dieser Phantasie gehört. Jeder Mensch, der hierher kommt, bringt ein Paket an Energie mit. Die Energie ist zu begreifen als Batterie, die aber nicht sehr lange hält. Im Idealfall zwischen 40 und 50 Jahre, danach ist sie erschöpft. Wie viel Energie ein Mensch mitbringt, hängt von vielen Umständen ab. Von seinem Schicksal, seiner Bestimmung, von den Eltern und deren subjektivem Energiezustand, von der Art der Energie der Zeugung und von den ersten Jahren seiner Kindheit. Aber unabhängig davon, wie viel Energie ein Mensch mitbringt, in seiner Reservebatterie, ist es wichtig, damit verantwortungsvoll umzugehen und das bedeutet einerseits, diese Energie nicht zu verschleudern und andererseits die Batterie voll Energie zu laden. Die Menschen neigen dazu ihre Energie zu verschleudern, indem sie Energie und Aufmerksamkeit in Dinge investieren, die bedeutungslos sind und indem sie sich an Gefühle und Gedanken, die nicht in ihnen selbst entstehen, obwohl sie dies glauben, sondern vorbeitreiben und sie springen auf diese auf, die aber Energie verschleudern. Zu diesen Energie-verschleudernden Gefühlen gehören Wut, Verzweiflung, Angst, und Ablehnung. Zu den günstigen Energie dagegen gehören Freude, Liebe, Verständnis, Zuwendung Offenheit und Vertrauen. Genauso gibt es Gedanken, die destruktiv sind, auflösend und hemmend.Es gibt konstruktive Gedanken, die neue Möglichkeiten schaffen. Womit sich ein Mensch beschäftigt, liegt in seinem Bewusstsein. Je reaktiver ein Mensch ist, bezogen auf seine Vergangenheit, indem er sich erinnert an Dinge, die geschahen und dann möglicherweise negative Gefühle einlädt, passend zu dieser Erinnerung, desto mehr geht die Energie verloren. Je mehr er die Wahrnehmung in der Gegenwart auf das richtet, was ihn nicht freut, sondern vielleicht belastet, desto mehr Energie geht verloren, die meisten Menschen haben ihren energetischen Höhepunkt überschritten Ende 20.

In diesem Seminar gab es noch viele spannende und lohnende Anregungen, Tipps und praktische Übungen. Ich kann es jedem nur empfehlen. In einer anderen Übung sollten wir uns überlegen, welche der Menschen, die wir kennen oder uns schon mal begegneten, uns berühren, genauer gesagt, welche Aspekte von ihnen. Denn alles was uns berührt, positiv oder auch negativ, hat mit uns zu tun. In der Übung ging es aber nur um die positiven Aspekte. Denn aller Wahrscheinlichkeit nach sind das die Aspekte unseres Wesens. Das ist der erste Schritt, der zweite Schritt wäre dann, es auszuprobieren oder nachzuahmen, um zu wissen, hat es mit mir zu tun, wenn ich mich in dem einen oder andern Punkt ähnlich verhalte wie der oder die oder das Gleiche tue, gibt es mir mehr Energie, bin ich freudvoll? Denn auch hier ist Harald sehr klar. Immer wieder betont er, es bringt gar nichts, einfach nur zu glauben was er sagt. Dann wissen wir nie, ob es auch für uns stimmt oder nicht. Wir müssen es ausprobieren und die Erfahrung machen, dann wissen wir Bescheid. Spekulation bringt gar nichts.

Meine Phantasie war total angeregt und in meinen Kopf spielten sich bereits viele Szenen ab, die ich in der nächsten Zeit gerne erleben würde. Vor hatte ich genug, vor allem wenn es um die beruflichen Aspekte ging. Stella hatte ich bereits erwähnt, aber auch Thomy inspirierte mich in der Hinsicht sehr. Er war bei den meisten Seminaren dabei, vereinbarte das mit seiner Arbeit und konnte manchmal am Seminarort länger bleiben oder weiter reisen. Ganz spontan die Gunst der Stunde nutzend. Das wollte ich auch. Ich hatte das Gefühl, wenn ich täglich eingebunden bin in meinem Job, ist es schwieriger, mich so richtig leiten und treiben zu lassen. Andererseits gab mir der Job auch das nötige Einkommen, um auf die Seminare zu gehen und ich hatte in der Firma viele Freiräume. Hm? Ich war so aufgewühlt und pendelte hin und her zwischen dem Drang, mich einfach dem Unbekannten in den Rachen zu werfen und andererseits dem Gefühl vorschnell zu handeln. Was jetzt? Harald II muss her, dachte ich und glücklicherweise sagte jemand seinen Termin ab und ich bekam die Gelegenheit für ein persönliches Gespräch mit Harald II.
Ich stellte meine Fragen und unter anderem auch die, ob ich denn meinen Job kündigen sollte.

Er antwortete sinngemäß, nein, nicht nötig, ich hätte es da so gut und er gibt mir ja auch Freiraum und das nötige Geld.
Aha. Irgendwie war ich enttäuscht. Aber wenn Harald II das sagt.....
Der Gedanke ließ mich aber nicht los und ich war verwirrt. Jetzt macht er einen den Mund wässrig, das Neue zu suchen, das Unbekannte, ich war bereit für das Abenteuer, die Segel quasi gesetzt und ich soll zuhause bleiben? Auf Sicherheit bauen? Hä?
Ein paar Wochen später ließ ich mir wieder einen Termin geben um nachzuhaken. „Harald II, sag mir bitte, soll ich jetzt vielleicht kündigen?" „ Nein, liebste Freundin, Du hast einen guten Job, viel Freiraum und kannst dir dadurch einiges ermöglichen." Das gibt´s doch nicht, dachte ich mir. Ich spüre es aber so deutlich und meine Sehnsucht war so groß. Nach der Sitzung ging ich noch in die Arbeit und dort traf ich auf ein unerwartetes Ereignis. Die Firma war an diesem Tag aufgekauft worden und es würde sich in Zukunft einiges ändern, auch was die Arbeitsplätze anbelangt. Aha. Jetzt hab ich's geschnallt. Es geht nicht darum, was Harald II oder sonst jemand rät. Jeder muss es selbst entscheiden und quasi die Verantwortung für sich selbst, sein Tun und Handeln übernehmen und der eigenen Intuition vertrauen.

Dass meine Intuition in diesem Fall mehr als richtig war, stellte sich bald heraus. Als ich kündigte, bekam ich noch eine kleine Abfindung. Ein schönes Zeichen fand ich auch die Begebenheit, dass genau an dem Tag, an dem ein großes Firmenfest stattfand anlässlich der Zusammenführung auch mein letzter Tag war. Und es war wirklich ein tolles Fest gewesen. Es hat Spaß gemacht in der Firma zu arbeiten und ich hatte dort tolle Menschen kennen gelernt. Mittlerweile gibt es die Firma gar nicht mehr, auch nicht die Firma, die sie aufgekauft hat.

Nichtsdestotrotz: Es ist für mich wie bei Hermann Hesses „Stufen": „*...Es muss das Herz bei jeder Lebensstufe bereit zum Abschied sein und Neubeginne......Wohlan denn, Herz, nimm Abschied und gesunde!*"

-8-
Intensivseminare und das ganze Drumherum

Das sind wohl die aufregendsten und ereignisreichsten Tage des Jahres, vielleicht einmal abgesehen von den Besuchen bei Thomaz Green Morton. Viele Menschen sind dort anwesend und es werden laufend mehr.

Intensivseminar bedeutet, dass ein Thema vertieft über das ganze Jahr hinweg bewegt wird.

Ich finde es toll, dort immer wieder alte Bekannte zu treffen, aber auch viele neue Gesichter zu sehen. Der Austausch ist sehr rege und intensiv. Es ist interessant zu hören, was sich in der Zwischenzeit bei dem Einzelnen ereignet hat und wie es mit der Umsetzung geklappt hat und wo noch Spielraum besteht und welche Neuigkeiten es gibt.
Das können mitunter drastische Veränderungen sein wie z.b. Stella ist direkt in Brasilien geblieben und hat dort ein paradiesisches Grundstück gekauft, mit eigenem Wasserfall, Kokosnüssen, Avocados und vielen andere schönen Pflanzen, noch dazu hat sie sich verliebt und plant eine neue Familie zu gründen. Andere haben neue Autos oder sind umgezogen, haben plötzlich neue Partner, wie z.B. auf Hawaii, eine hat einen Job in Amerika angeboten bekommen, entschloss sich aber in Bali zu bleiben. Praxen werden verkauft, überholte Berufe an den Nagel gehängt, Gabi und Jörg, auch Organisatoren für Harald, organisierten unter anderem die Ferienseminare in der Toskana. Mittlerweile leben sie dort unten. Das sind alles Menschen, die gelernt haben bzw. deren Sehnsucht so groß war, die Stimme ihres Herzen zu hören und sich dem Unbekannten in den Rachen zu werfen. Es gibt auch einige, die spüren die Stimme ganz deutlich, nehmen auch die vielen kleinen Hinweise zwar wahr, aber ignorieren sie völlig, da kann es schon mal passieren, dass ein ganzes Haus abbrennt, langjährige

Ehen sich auflösen oder das Auto zu Schrott gefahren wird, um Platz zu schaffen für das Neue! Bisschen drastischer Stil aber wer´s braucht.....hihihi. Christiane würde mich jetzt scharf ankucken, denn ihr ist quasi das Haus unterm Hintern abgebrannt. Aber mittlerweile fühlt sie es selbst was für eine riesige Erleichterung es ist, wie sehr die alten Energien der Vergangenheit an ihr klebten.

Es ist auch schön zu beobachten, wie manche sich im Verhalten geändert haben, liebevoller mit sich und anderen umgehen oder schlichtweg das Aussehen sich verändert hat. Ich stelle immer wieder berührt und begeistert fest, den Weg des Herzens zu gehen, macht nicht nur jünger, sondern auch noch schöner. Dabei ist es nur quasi eine Begleiterscheinung. Es kann auch vorkommen, dass regelrechte Wunder geschehen. Viele brauchen keine Brille mehr, Haare wachsen wieder nach, wo vorher noch der Friseur verzweifelt den Kopf schüttelte, alte Leiden lösen sich auf, jemand konnte sein steifes Knie wieder bewegen und bei einer Frau verschwand von einem auf den andren Tag eine Narbe mitsamt dem Loch, das sie hinterlassen hatte. Viele konnten ihre berufliche Situation verbessern, verdienen mehr Geld, oder gründeten erfolgreich ein Unternehmen. Ich finde, es motiviert und steckt so richtig an, wenn man nicht nur an sich, sondern bei vielen anderen beobachten kann. Es funktioniert! Man muss gar nicht daran glauben, sondern es nur tun. Es ist, wie wenn man eine Mauer baut. Da zweifelt man auch nicht, ob es was wird oder nicht. Es wird einfach ein Stein auf den anderen gesetzt und schon steht die Mauer. Genau das lernen wir bei Harald. Das eigene Leben zu gestalten und er macht es uns vor. Und egal wo jemand steht, was er für Vorbildungen oder finanzielle Verhältnisse hat.

Harald und seine Helfer tun dabei alles was möglich ist um uns zu unterstützen und Rückenwind zu geben. Nachdem zwischen beiden Intensivseminaren immer eine Pause von zwei Tagen besteht, nutzt Wera diese immer geschickt aus für Zusatzangebote, die man wahrnehmen kann, wenn man möchte. Sie lässt sich immer etwas Besonderes einfallen und scheut keine Kosten und Mühen gründlich zu recherchieren, wer oder was hierfür in Frage kommen könnte. Thomaz Green Morton war schon da, einige Schamanen, ein Heiler ist aus Russland angereist. Selbst ein Meister aus Indien war schon mehrmals in Kärnten und ist nur für die Harald Truppe angereist.

Eine Zeit lang war auch ein gewisser Ivan aus Moldawien regelmäßig auf den Seminaren. Er hat bei verschiedenen Meistern und Heilern gelernt, war in Shaolin Klöstern intensiv zu Gange und kennt sich zu vielen Themen Körper, Geist und Seele betreffend hervorragend aus. Da er auch Chiropraktik beherrschte, liess er es sich nicht nehmen, den ein oder anderen Wirbel wieder einzurenken. Bei manchen lässt sich auch der üppige Verzehr von Apfelstrudel und Cappuccino nicht ganz verbergen und Ivan ist sehr diszipliniert und versteht es gar nicht, wie man seinen Körper freiwillig vergiftet. Er schüttelt darüber immer den Kopf und meint trocken: „Katastroph! Menschen hier haben großes Herrrrz aber Körper kaputt! Schokolade Schock für Körper. Nix gut! „Finito la comedia"! (was soviel heißt jetzt ist Schluss mit Lustig). Viele wollen dann argumentieren, ja aber Harald macht es doch vor. Darauf antwortet er immer verschmitzt. Harald hat süße Karma! Harald viel Energie, kann sich das leisten, Du noch nicht. Aura schmutzig – muss erst putzen. Glücklicherweise unterstützt er uns beim „Auraputzen" und nimmt oft viele alte Energien aus der Vergangenheit weg.

Ein ganz besonderes Highlight und daher auf jeden Fall erwähnenswert, war der Feuerlauf.
Unter den Seminarteilnehmern gibt es viel „Urgestein", sprich langjährige und treue Fans von Harald. Einer davon ist Walter aus der Schweiz. Er ist nicht nur Stimmungskanone und „unser Schamane" vom Dienst. Oft unterstützt er die Harald II Meditationen mit seiner Trommel, was es leichter macht in einen tranceartigen Zustand zu gleiten. Außerdem forscht er viel, woraus viele seiner Erfindungen und Entwicklungen resultieren. Dinge, die die Menschen ebenfalls unterstützen, energetisieren, stärken und heilen helfen.

Er bot uns an, während der zwei freien Tage eines Intensivblocks einen Feuerlauf für uns zu veranstalten. Uuuui. Feuerlauf! Hat man schon mal irgendwie

gehört. Aber wie genau? Muss man dann selbst übers Feuer laufen, echtes Feuer? Oder ist das nur eher symbolisch gedacht oder was für totale Freaks?
Umsichtig, wie Walter ist, nutzte er die Gelegenheit bei der nächsten Harald II Runde, als dieser zu Fragen einlud, für folgende Frage:

„Kannst Du mir sagen, lieber Freund, wie ich eine optimale Verbindung schaffen kann vom Thema dieses Jahres zum Feuerlauf im nächsten Block?"

„Nun, das Hauptproblem der meisten Menschen liebster Freund ist die Angst. Die Angst und der Zweifel unfähig zu sein, das Gefühl Opfer der Umstände zu sein, das Gefühl nicht entscheiden zu können, was wann wo im Leben geschieht. Kinder kennen diese Angst nicht, sondern stürzen sich vorbehaltlos in das Abenteuer, und nehmen durchaus in Kauf, dass es gelegentlich zu Beulen kommen kann oder zu Hindernissen, die unterwartet sind, aber sie lassen sich nicht weiter davon abhalten. Der erwachsene Mensch, zu denen ihr gehört, ist aber nicht mehr so. Er argwöhnt ständig, was wohl an Widersächlichem kommen kann. Er hat Angst die Kontrolle zu verlieren oder nicht erreichen zu können. Er hat Sorge überrollt zu werden, von Kräften, die sich seiner Entscheidung entziehen. Das Feuerlaufen ist eine hervorragende Methode, um das Vertrauen wieder aufzubauen, auf Kräfte, die nicht aus Euch selbst stammen. Der Hauptgrund, warum ein Mensch in der Angst sitzen bleibt, liegt darin, dass er glaubt alle

Kraft, die er bräuchte um sein Leben erfolgreich zu gestalten, um seinen Körper gesund zu machen, die Wirklichkeit zu formen, müsste aus ihm selbst heraus entstehen und er übersieht völlig dabei, dass er selbst keine Kraft besitzt, nicht ein bisschen. Alle Energie, alle Energie!, entsteht aus dem göttlichen Urgrund und fließt in Euch als menschliches Wesen hinein um dort gebraucht zu werden. D.h., es geht nicht darum, wie viel Kraft Ihr besitzt, denn ihr habt gar keine, es geht nur darum mit wie viel Energie ihr euch in Verbindung bringt und diese nutzt. Der Feuerlauf schärft die Wahrnehmung dafür, dass die Kraft, die es braucht um sich unabhängig zu machen vom Einfluss der Elemente, oder diese gar unter Kontrolle zu bringen, umso mehr wächst, wenn es gelingt sich einzustimmen auf die Kräfte der Natur, auf die Kräfte der Schöpfung, auf die Urkräfte aus dem göttlichen Sein. Der Feuerlauf im Prinzip ist ein Weg, um diejenigen, die sich darauf einlassen, eine Tür zu öffnen für eine Verbindung zu Kräften, die sie selbst nicht begreifen können, aber die sie einladen können, um ihnen zu helfen eine Erfahrung zu machen, die das Mögliche der Vergangenheit überschreiten. Und das, liebste Freunde, ist wesentlich. Jede Erfahrung, die Euch vermittelt wird, die Eure Vorstellung aus der Geschichte prägt, alles was geschieht, was ihr bisher nicht für möglich gehalten habt, jede Begegnung mit Aspekten der Wirklichkeit, die vorher keinen Raum hatten in Eurem Weltverständnis und auch nicht in Eurem Selbstverständnis, sprengt das Raster der Geschichte und öffnet Euer Bewusstsein für göttliche Energie und

Erkenntnis. Der Feuerlauf äußerlich betrachtet ist in dieser Form zwar ein harmloses Unterfangen, was man vielleicht mit mehr oder weniger Begeisterung tut vielleicht ein bisschen mit der Angst sich den Zeh zu verbrennen, aber tatsächlich ist es ein Einlassen, ein Aufbau von Vertrauen in eine Kraft, die sich Eurer Einschätzung entzieht und die Euch zeigt, dass Dinge möglich sind, die ihr vielleicht bislang so nicht für möglich gehalten habt. Wer sich dem Feuerlauf entzieht, hat Angst, die Struktur der Enge zu verlassen, überfordert zu sein und völlig zu versagen. Wer sich diesem Abenteuer hingibt, wird selbst wenn er sich den Zeh verbrennt, stolz auf sich sein können, weil er alles gegeben hat und weiß, das nächste Mal, da er der Angst begegnet, wird es klappen. Wobei die Wahrscheinlichkeit mehr als groß ist, dass es bereits beim ersten Mal funktioniert. Aber nicht weil derjenige, bei dem es funktioniert ein besonders cleveres Kerlchen ist, mit besonders viel Kraft über das Feuer tanzt, sondern weil er sein Ego bezwungen hat und sich einer Energie hingibt, die nichts mit ihm zu tun hat, die nicht aus ihm entspringt, sondern die durch ihn fließt als göttliches Prinzip. Kannst du uns soweit folgen?"

„Ja!"

„Nicht dass dir das fremd wäre, wir haben das gesagt für die anderen, die diese Frage hörten."

„Ich danke dir lieber Freund."

„Es war uns ein außerordentliches Vergnügen!"

Jedenfalls sollte uns unter anderem der Feuerlauf helfen, sozusagen am eigenen Leib zu spüren, dass der Geist die Materie beherrscht. Denn normalerweise würden wir uns an den glühenden Kohlen mehr als nur Brandblasen einholen. Da eine klare Absicht besteht uns mit dem Element Feuer zu verbinden und unbeschadet über die Glut zu laufen, können wir es uns selbst beweisen, dass es funktioniert. Und wenn das geschafft ist, trauen wir uns noch viel mehr zu.
Der Tag des Feuerlaufes gestaltete sich dann so:
Wir fuhren an einen schönen Platz am Waldesrand und Walter begann mit uns zusammen ein kraftvolles energetisches Feld aufzubauen. Die ganze Zeit begleitete mich ein riesiges Kribbeln und leichte Aufregung. Mein Kopf erzählte mir die ganze Zeit, es ist nicht möglich über glühende Kohlen zu laufen. Mir ging es wohl nicht alleine so, denn viele hörte ich tuscheln und mutmaßen darüber was uns wohl erwarten würde und ob man sich wohl trauen würde. Um die Spannungen raus zu nehmen, hatte Walter schon einige Ideen parat, auch um uns als Gruppe noch mehr zusammen zu schweißen, damit wir einen vertrauensvollen und liebevollen Rahmen hatten. So machten wir einige spielerische Übungen. Langsam merkten wir wie dadurch eine Gruppenkraft entstand. Wir sollten uns noch ein wenig im Wald verteilen und uns aktiv mit der Natur verbinden, um in der Stille Klarheit darüber zu finden, was wir in Zukunft nicht

mehr wollten an Umständen, Situationen, Menschen, oder Eigenschaften und was hingegen mehr Raum bekommen sollte. Das sollten wir innerlich formulieren und dann auf zwei getrennte Blätter schreiben. Die Kraft des Feuers würde es dann für uns transformieren. Dann schichteten wir das Holz auf und zündeten es gemeinsam an. Zum ersten Mal in meinem Leben hatte ich das Gefühl, mich auch ganz anders mit dem Element Feuer zu beschäftigen. Ich beobachtete wie das Holz langsam runter brannte, spürte die Energie und diese Kraft. Danach war es Zeit, gemeinsam die Energie aufzubauen, die uns dann über das Feuer tragen würde. Walter verteilte ein paar Trommeln, und wir fingen an einen großen Kreis um das Feuer zu gehen. Die gemeinsame Absicht war nicht nur dass jeder Einzelne seine Wünsche abschicken konnte, wir wollten uns auch alle gemeinsam bei unserer Mutter Erde bedanken und liebevolle und freudvolle Gedanken an sie schicken. Walter hatte einen schönen Text gefunden und den sangen wir dann alle fortwährend mit. „Mother I feel you under my feet, Mother I feel your heart beat. Heyja hejay heyja heyjahahaha." Es war sehr berührend und intensiv, wir merkten wie schnell und kraftvoll sich die Energie aufbaute. Während dieser Zeit sollte auch nicht mehr gesprochen werden. Irgendwann war es dann soweit, dass die Glut am Boden war und ausgebreitet werden konnte. Walter ging als Erster über die Glut. Der Feuerlauf war eröffnet! Jeder spürte von selbst wann und ob es überhaupt Zeit wa‚r darüber zu laufen. Manche blieben in der Mitte stehen um so richtig zu realisieren, was sie machen und ob es wirklich funktioniert. Ich hatte mich ebenfalls getraut und es war einfach nur gut.

Am Feuerlauf waren mehr als 60 Personen, mit einer Glutbahn von etwa 8 Metern, damit keiner frieren musste. Das war total toll. Alle sind mit ganzen Füßen wieder zurückgekommen. Ganz Ausgeflippte bekamen gar nicht genug und gingen 5-6 Mal darüber, manche auch paarweise und gegen Ende ergab sich dann noch eine Kette, Hand in Hand hintereinander liefen wir drüber. Es war ein tolles Erlebnis. Wow. Wir waren alle wie berauscht und total energetisiert von dem Ereignis. Ich weiß nicht, ob Sie sich vorstellen können, wie heiß 250° C sind? Das ist etwa die Durchschnittstemperatur von der Glut, hat mich Walter aufgeklärt. Und als die Glut noch gezündelt hat, da waren es gut noch 600 – 800° Celsius. Es war total heiß, ich dachte, die Stirn verbrennt und nachher noch drüber zu laufen, das hat schon was, gell? Danach kribbelten die Füße noch lange und ich fühlte mich sehr aufgeladen, kraftvoll und stark meinen Weg zu gehen. Unaufhaltsam. Mir kamen immer wieder die Worte von Thomaz in den Sinn: Ich kann, ich will und ich werde meinen Weg gehen mit der Hilfe Gottes!

Dass dieser Feuerlauf so erfolgreich gelungen ist, lag sicherlich zum großen Teil am achtsamen und liebevollen Umgang, mit dem Walter einen Feuerlauf vorbereitet und durchführt. Mit seiner charmanten lausbubenhaften Art hatte er immer ein Späßchen parat und schaffte somit eine ganz lockere ungezwungene Atmosphäre. Da geht einem einfach nur das Herz auf, man fühlt sich wohl bei ihm und begibt sich vertrauensvoll unter seine Aufsicht.

Sollten Sie jetzt den Wunsch verspüren, die Grenzen ihrer Geschichte zu sprengen, und etwas so Bereicherndes, Kraftvolles und Transformierendes ebenfalls erleben zu wollen – kein Problem – Walter kann man auch für kleinere Feuerläufe im privaten Rahmen buchen. Auf meiner Homepage finden Sie die nötigen Informationen.

-9-
Die Reise nach Hawaii - Das Herz öffnen

Wie kam es zu der Reise? Thomy hat, wie ich finde, ein glückliches Händchen was das Aufspüren von „Juwelen" in der Welt der Heiler, Schamanen und spirituellen Meistern anbelangt. Jedenfalls hatte er den Kontakt zu einem Kahuna Priester in Hawaii hergestellt. Dort sollte jetzt ein Seminar mit dem Titel „Das Herz öffnen" stattfinden, gleich anschließend an das Ferienseminar von Harald.

Eine Entscheidung für mich zu fällen – endgültig – dorthin mitzukommen, glich einem Abenteuer. Ich nahm gerade an der Intensivausbildung von Harald teil und war mir sicher, jetzt wo ich gerade angefangen hatte, ein wenig Fuß zu fassen mit meiner medialen Lebensberatung, wollte ich nicht schon wieder in der Welt rumgondeln, sondern mich auch endlich mal ernsthaft um Rückfluss bemühen. Der aufmerksame Leser stolpert sicher über das Wort ernsthaft, zu Recht, darüber bin ich ebenfalls gestolpert...

...wie gesagt, kaum hatte ich den Entschluss gefasst, hier zu bleiben, und einen Termin mit Lisa für erste Entwürfe bzgl. meiner Flyer vereinbart und zusätzlich noch ein Wochenende Visionscoaching gebucht, um so richtig los zu legen, da war sie schon meine Stimme des Herzens: *„Tiiiinaaaaaa, du wolltest doch Spaß haben, genießen, dich treiben lassen. Wo ist das leichte Gefühl? Wo ist Freude? Wenn du jetzt sterben würdest, wärst du froh, du hättest endlich was „getan" (auch im Sinne von Geld verdienen) oder wärst du lieber nach Hawaii gefahren?"* Haaawaiii – ist doch klar! – hätte doch jeder gesagt, werden einige jetzt denken – aber ich bin mir sicher, wäre wirklich mein Herz bei der Sache gewesen, voll Begeisterung und Freude, wäre diese Frage gar nicht entstanden. Was es mir ebenfalls so leicht gemacht hat mich für Hawaii zu entscheiden, nicht nur dass es ein toller Ort ist, ich wusste aus vergangenen Erfahrungen, wenn ich der Stimme meine Herzens folge, regelt sich auch das Finanzielle. Und so war es!

Ein paar Tage später, war ich schon auf Hawaii zusammen mit anderen Teilnehmern teilweise alt vertrauten, aber auch ein paar neuen Gesichtern.

Thomy hatte tolle Arbeit geleistet, der Seminarort war paradiesisch. Nur schon das Frühstück! Man konnte Plätze direkt am hauseigenen Karpfenteich einnehmen, wurde sanft vom leisen Plätschern der Springbrunnen sowie von lieblichen Düften der reichhaltigen Pflanzenwelt in eine andere Welt entrückt. Dazu ertönten im Hintergrund ganz leise und harmonisch zarte Klänge aus der Ukulele (hawaiianische Gitarre). Betörend wirkte auch der köstliche Duft frischgebackener belgischer Waffeln, die man wahlweise mit Schlagsahne, Schokostreuseln, Kokosnussflöckchen, Macadamianusssplittern und Sirup „aufmotzen" konnte. Was für ein Rahmen. Könnte man je anders leben wollen? Eine Welle der Dankbarkeit überkam mich, was für ein Geschenk, nicht nur, dass ich hier über Dinge erfahren darf, die mein Leben leichter, schöner, liebevoller, freudiger, lebendiger und erfüllter machen können. Ich bin hier an einem wunderschönen Ort mit liebevollen Menschen, die alle das gleiche Ziel haben, die mehr Freude in ihr eigenes und in das anderer Menschen bringen möchten. Dann soll Hawaii auch als Seminarort noch zusätzlich sehr unterstützend sein lt. Harald:, *„....denn die Kraft des Feuers unterstützt die Wandlung des Gefühlsköpers. Und ohne die Möglichkeit, den Gefühlskörper zu befreien, ist es nicht möglich die Geschichte zurück zu lassen. Und deshalb ist es auch ein Harald II Seminar. Das ist* *deshalb so günstig, weil die Ebene II von uns im Prinzip die hörbare Stimme des Herzens ist. Man kann mit der Stimme des Herzens unterschiedlich umgehen: Man spürt sie, man kann sie aber auch hören. Manchmal empfindet man sie einfach nur als starken Impuls zu handeln ohne dass dieser Impuls erklärbar ist, und manchmal bringt er uns sogar dazu Dinge zu tun, die völlig irrsinnig scheinen. Wie z.B. bei Stella, kauft diese Irrsinnige ein Haus in Brasilien!"*

Dazu haben wir noch einen, wie ich finde, super Seminarleiter, der es versteht mit viel Humor, Einfühlungsvermögen und charmanter „Durchtriebenheit", eine Atmosphäre von Leichtigkeit und Entspannung zu erzeugen, in der die Blockaden sozusagen nur so wegschmelzen. Es wird dadurch leichter, das Wesentliche zu erkennen und jeder kann, wie an einem Buffet, nur noch zugreifen und entscheiden, was er Neues in sein Leben integrieren möchte. Oder im umgekehrten Fall, was er aus seinem Leben verbannen möchte – oder auch wen? (hihihi). Natürlich ist es manchmal auch schmerzlich, der Wahrheit ins Auge zu sehen, die Verantwortung für sein Leben zu übernehmen und klar zu erkennen, ich hab's verbummelt. Dennoch habe ich es immer als extrem befreiend und heilend empfunden und letztendlich, wenn ich es verbummelt habe und doch nicht wie vermutet meine Eltern, kann ich es auch wieder „hinbummeln" äh hinbekommen im Sinne von ein erfülltes Leben erschaffen und so. Also für die, die das erstrebenswert finden. Es soll ja welche geben, hab ich gehört, die gerne an dem festhalten was sie haben – da weiß man wenigstens was man hat, gell!?

Dessen ungeachtet begann das Seminar gleich mit einem Harald II Vortrag mit folgender Einstimmung (leicht gekürzt): *„Seid gegrüßt liebste Freunde in dieser außerordentlichen Runde. Jeder Einzelne von Euch, die Ihr hierher gekommen seid für diese Tage, ist mit dem anderen verbunden durch ein gemeinsames Prinzip, das jetzt in Eurer derzeitigen Lebensphase in Euch wirksam ist - nämlich die Sehnsucht danach, im Herzen berührt zu werden von dem Leben, das Ihr gestaltet, von dem was Ihr seht und um Euch statt findet. Ihr möchtet ein Leben gestalten, das Euren Fähigkeiten entspricht, Euren Sehnsüchten entspricht. Ihr möchtet Euch spüren, tief im Herzen, in dem was Ihr seid. Jeder einzelne von euch hier in diesem Raum kommt hierher für diese Tage, um sich selbst näher zu kommen auf der einen Seite, um die Energien der Vergangenheit weiter ausklingen zu lassen und das eigene Energiefeld zu öffnen für den großen kosmischen Strom, der Euch führen und begleiten soll zu dem was Ihr seid und sein könntet. Insofern sind auch diese Tage, Tage der Selbstfindung. In dem Ihr spüren lernt, was Euer eigentliches Selbst, das was Euch wirklich ausmacht, unterscheidet von einem scheinbaren Selbst, das geprägt ist von Ängsten und Zweifeln und von Phantasielosigkeit. Die Phantasielosigkeit ist das eigentliche Problem, dass euch lange begleitet hat in Eurem Leben. So wie Ihr* *gelebt habt, jeder auf seine eigene Weise im Umgang mit seiner Geschichte, habt Ihr Euch fangen lassen von Eurem Umfeld, von Eurer Herkunft, von Euren Ängsten, die Ihr übernommen habt vom Elternhaus. Und Ihr habt mehr oder weniger ein Leben gelebt, vorgegeben in einer gewissen Bahn und Ausdruck Eurer geschichtlichen Prägung. Aber auf der anderen Seite habt Ihr sehr wohl gespürt, dass irgendetwas in Eurem Leben nicht so stimmig ist, wie Ihr dies dachtet. Entweder, weil Ihr krank geworden seid, mehr oder weniger heftig, manchmal lebensbedrohlich, oder weil Ihr gespürt habt, Ihr seid nicht wirklich so fröhlich gestimmt wie es eigentlich Eurer Natur entspricht, vielleicht habt Ihr Euch auch gefangen gefühlt in Strukturen von äußeren Gegebenheiten, die Euch zu ersticken drohten und Ihr habt versucht, dieses Gefühl zu überlagern, indem Ihr das tatet von dem Ihr dachtet es würde Euch Freude bringen: Vielleicht über einen Liebhaber, den Ihr Euch suchtet? Vielleicht über ein teures Hobby? Vielleicht über ein schönes Auto und vielleicht über Kleinigkeiten, die völlig wertlos sind in sich, aber Euch den Eindruck gaben irgendetwas Kostbares gibt es gleichwohl in Eurem Leben, selbst wenn es nur die Leistung ist, die Ihr bringt. Jeder von Euch auf seine Weise hat so gelebt und ist irgendwann aufgewacht, mit der tiefen Erkenntnis, so will ich es nicht mehr haben, so bringt es mich nicht zu dem, was ich wirklich bin.*

Die meisten von Euch wie wir sagten, haben eine große Sehnsucht, die eigene Qualität zu spüren, das was sie typisch macht. Und das ist nicht Eure Fähigkeit tanzen zu können, oder Leistung zu bringen, nicht Eure Fähigkeit mit Geld souverän umgehen zu können oder perfekt eine Familie zu leiten mit Mann und Kindern und Haus und allem was dazu gehört. Es ist auch nicht das Äußere, was Ihr vielleicht so schön pflegt und darstellt, um dort Anerkennung zu bekommen. Es ist etwas, das sehr viel tiefer liegt, es sind Eigenschaften, die euch verliehen wurden von Eurem eigenen Herkunftsort, von Eurer Seele - von Eurer Ebene II, wenn Ihr so wollt. Fähigkeiten, die dazu gedacht sind, Euch zu helfen, ein Leben zu führen in dem Ihr Euch selbst spürt, in dem Ihr lebendig seid, indem Ihr selbst merkt, Ihr habt die Kraft des Geistes in Aktion gebracht und könnt Euer Leben so gestalten, dass Ihr es als Ausfluss, als Ergebnis Eures eigenen Denkens, Fühlens und Tuns wahrnehmen könnt.

Oftmals in der Vergangenheit habt Ihr gedacht, Ihr seid Opfer der Umstände. Opfer der Wirtschaft, Opfer der Eltern, Opfer des Partners, Opfer der Kinder, Opfer der Politik, der Gesellschaft, der Wissenschaft, Opfer der Klimaveränderung oder wie auch immer und habt Euch nicht so genau daran erinnert, dass Ihr als größtes Geschenk die Kraft des Geistes mitgebracht habt, die in der Lage ist, ein beliebiges Leben zu führen. Viele von Euch fragen sich: was ist richtig, was ist falsch an dem was ich tue? Was führt zu welchem Ergebnis? Und Ihr kommt nicht wirklich auf eine klare Antwort. Es ist schwer, klare Entscheidungen zu fällen, weil Ihr glaubt, diese Frage müsste beantwortet werden aus der Sichtweise der Geschichte im Sinne von: Führt mich meine Entscheidung und das was ich tue zu mehr finanzieller Sicherheit? Zu mehr Liebe? Kann ich damit meine Probleme aus der Vergangenheit verlagern und ausblenden? Kann ich so geliebt werden und geachtet werden vom Umfeld?

Ihr fragt Euch nicht, was wäre denn meine größte Phantasie, die sich erfüllen sollte, damit ich berührt bin? Und das ist die eigentlich wesentliche Frage!!! Das, was Euer Leben bestimmt, ist Euer Körper, der physische Körper, genauso wie verschiedene geistige Körper - Energiekörper, die Euch zu einer Einheit machen und zu einer Einheit miteinander verschmolzen sind. Das was Ihr jetzt seid – energetisch – ist die Summe von all dem was Ihr wart, was Ihr seid und mitgebracht habt. Und ist auf jeden Fall eine klare Prägung, die in der Lage ist Eure Phantasie, die verantwortlich ist für die Fähigkeit, die geistige Kraft in Form werden zu lassen. Eure Phantasie ist klein geworden. In diesen Tagen geht es darum, Eure Energien, so wie sie geworden sind in Eurer Vergangenheit, aufzulockern und durch Phantasie zu füttern, zu erweitern, bis zu dem Punkt wo Euch die geistige Energie des großen Seins, die Energien Eurer Seele, berühren können und beginnen Euch zu führen. Alle Wesen, die existieren, werden gelenkt und geführt durch den Fluss des großen Seins - durch den Fluss des großen Geistes, wenn man so will – des Absoluten. Aber der Mensch wird nicht so ohne weiteres geführt, weil er den freien Willen hat, und sich aus diesem Fluss ausklinken kann, was die meisten Menschen auch zwanghaft tun, indem sie sich mit ihrer Vergangenheit identifizieren. Wenn es nun gelingt, die Phantasie wieder lebendig werden zu lassen, dann werdet auch Ihr lebendig und Euer Energiesystem. Wenn es gelingt, die Phantasie so lebendig zu machen, dass sie berührbar ist, durch den Fluss des großen Seins, dann kann Euch dieser Fluss des großen Seins daran erinnern, wer ihr seid und was zu tun ist und wohin Ihr geht. Er kann dann all das in Euer Leben bringen was zu Euch und zu Eurer Bestimmung gehört und letztendlich Euch das geben, was Ihr wie wir Euch bereits zu Beginn sagten, was Ihr Euch am meisten ersehnt - nämlich berührt sein von dem Leben das Ihr lebt und begeistert zu sein in Eurem eigenen Ausdruck. Begeistert zu sein von Euch selbst.

Viele glauben, sie haben viel erreicht von Euch, viel erlebt. Aber keiner von Euch hier im Raum ist wirklich begeistert von sich selbst. Nicht weil Ihr nicht genug Fähigkeiten und Eigenschaften hättet, die bemerkenswert sind, sondern weil Ihr Euch selbst niemals wirklich spürtet als das was Ihr seid, sondern Euch immer nur betrachtet habt durch die Brille Eurer Geschichte und die entsprechenden Leistungsbilder, die in Euch hineingepflanzt wurden. Ein Leben ist nur dann lebendig, wenn Ihr begeistert seid von dem Leben um Euch herum, wie es sich entwickelt, und von Euch selbst, so wie Ihr seid. Aber dazu braucht es ein Auflockern der Phantasie. Jetzt, die Phantasie ist vergleichbar mit einem Klebstoff, der in der Lage ist, die Flut der kosmischen Möglichkeiten aneinander zu binden und zur Manifestation zu bringen, in dem dort Energie festgehalten wird für eine gewisse Zeit, die zur Manifestation führt. Die Phantasie ist das eigentliche Geschenk, das Ihr von Eurer Ebene II erhalten habt und das keiner andern Wesensform zu Eigen ist. Nicht Tieren, nicht Pflanzen, nicht Mineralien und selbst geistigen Wesen, die Ihr nicht einmal seht. Auch sie haben die Form von menschlicher Phantasie nicht. Es ist die Phantasie, die Euch zum schöpferischen, kreativen Wesen macht. Da nun Eure Phantasie eingefroren wurde in Eurer Vergangenheit, ist es wichtig, um diese eigene Bestimmung, die Euch hierher führte, um wieder ins Leben finden zu können, sie wieder zu erweitern, indem Ihr verschiedene Methoden anwendet, die wir Euch näher bringen möchten in diesen Tagen. Eine Übung, die wir Euch gleich zu Beginn vorschlagen möchten, ist die Übung der freien Assoziation.

Ich habe das Gesagte so für mich verstanden: Wenn uns irgendetwas begegnet an Personen oder Situationen, schaltet sich automatisch ein dazu passendes Gefühl aus der Vergangenheit ein. Ähnlich vielleicht wie bei einer Jukebox, man drückt eine Taste und immer dieselbe passende Scheibe wird dazu gespielt. Es kann nicht sein, dass wir auf Celine Dion drücken und Highway to Hell ertönt. So ähnlich verhält es sich auch bei uns, wir sehen z.B. ein streitendes Ehepaar und müssen sofort an unsere Eltern denken, die sich auch immer gestritten haben und wie wir als

Kind darunter litten. Dann kann es eben sein, dass dieses ungünstige Gefühl sich sofort in uns breit macht, wir es also gegenwärtig fühlen und somit unsere Zukunft bestimmen. Also alles in allem ein sehr eingefahrener Automatismus, der wenig Spielraum lässt für Neues oder Überraschendes. Wenig phantasievoll und beweglich. Mit freiem Assoziieren möchte er das Gegenteil bewirken, nämlich das, was wir wahrnehmen mit beliebigen Gedanken und Gefühlen zu verknüpfen, dass aus einer Idee eine neue und noch eine neue und wieder eine neue entwickelt wird. Eine Idee, die so in der Vergangenheit noch nie vorgekommen ist. Freie Assoziation bedeutet laut Harald II in der Gegenwart wertfrei zu beobachten und darauf Beliebiges zu entwickeln ohne Sinn ohne Ziel – zunächst und dann später Beliebiges zu entwickeln der Stimme des Herzens folgend! Sozusagen Herzphantasie!!!!! Das hört sich doch super an, im Fall!

Die Übung sah nun folgendes vor:

1) Wahrnehmen ohne Reaktion. Palme – Aha. Streitendes Ehepaar – Aha.
2) Alles was ich wahrnehme, könnte auch ganz anders sein. Das Ei schmeckt – es könnte auch nicht schmecken. Das Ehepaar streitet – sie könnten auch nicht streiten.
   – die Palme könnte im Pool stehen, es könnten Affen dran hängen oder Eiscreme, dahinter

befinden sich große Berge aus Zuckerwatte und die Menschen bewegen sich hüpfen fort usw.

3) Wenn es so wäre, was würde es dann mit mir machen, wie würde ich mich fühlen, mich beeinflussen und was würde ich am liebsten machen, an dem Eis schlecken, mit hüpfen oder gar mit den Affen am Baum hängen? Das heißt, es könnte sich eine Phantasie entfalten, die vorher nicht da war.

4) Weiter in der Gegend rumstreifen und eine x-beliebige Situation raus greifen an der Menschen beteiligt sind z.B. ein streitendes Ehepaar.

5) Diese Situation könnte mich jetzt an ein Ereignis aus meiner Vergangenheit erinnern, z.B. an meinen Exfreund, der auch immer wieder einen Streit mit mir angefangen hat, dann denke ich das Ganze um, ich mache aus dem garstigen Paar ein liebevolles Paar, sehe, wie sie sich verliebt anschauen, er sich zu ihr wendet, ihr vielleicht zärtlich eine Haarsträhne aus dem Gesicht streicht und ihr ins Ohr flüstert, wie toll sie in dem neuen Bikini aussähe.....

6) Diese neu-phantasierte Situation lässt man dann auf sich wirken und beobachtet genau, was es mit einem macht, wie die Gefühle sich ändern, ob man vielleicht seufzt und denkt „aahhh, wäre das schön, wenn ich das wäre", denkt sich so richtig rein und überlegt wie wäre mein Leben denn dann verlaufen, wenn es sich damals so

abgespielt hätte. Es hätte ja schließlich auch ganz anders sein können!

Und genau darum geht es in der Übung, die eigene Geschichte sozusagen aufzulockern, es hätte nicht zwangsweise so laufen müssen mit den Ereignissen, die sich zugetragen haben. Ähnlich wie in dem Film „und täglich grüßt das Murmeltier" ändert man jetzt die Szenen im eigenen Film wobei es erst einmal egal ist ob besser oder schlechter, einfach des Änderns willen. Damit nimmt man sozusagen den Zwang weg, mit dem man sonst konsequenterweise seine Geschichte fortgeführt hätte und gibt neuen, ungeahnten Möglichkeiten die Chance sich im eigenen Leben bereitzumachen und andere Szenen können ins eigene Drehbuch aufgenommen werden. Ganz frei eben.
Alles in allem fand ich die Übung deshalb so geschickt und durchtrieben, weil sie nicht nur viel Freude machte und für Heiterkeitsanfälle sorgte, sie nahm auch die Ernsthaftigkeit aus der eigenen Geschichte und die Schwere raus, es wurde einfacher zu fühlen, dass man es auch anders haben hätte können, nur hat man es eben verbummelt, die Phantasie lockerte sich etwas, es war auch eine tolle Übung für weitere Visionen und gab viel Inspiration. Denn man besprach seine umgebaute Geschichte mit den anderen Gruppenmitgliedern, die dann ebenfalls Ideen mit einfließen lassen konnten. Und da es nicht realistisch sein musste, löste es reinste Lachlawinen aus und wir

staunten nur so, über den Ideen- und Einfallsreichtum der Einzelnen.

Z.B. haben wir uns in der Gruppe überlegt, da eine Teilnehmerin Eltern hatte, die immer alles besser wussten und sie ständig niedermachten und noch dazu sehr geizig waren. *„Hört mal, Ihr spart doch so gerne – ihr könnt Euch jetzt noch was sparen – Eure guten Ratschläge!* (ganz schön frech, man braucht es ja auch nicht wirklich sagen – aber in der Phantasie tat es einfach mal gut mal so zu sein) oder: *„Ich habe eine gute und eine schlechte Nachricht für Dich – die gute, ich liebe Dich – die schlechte Deine Erwartungen interessieren mich nicht!"*

Gleichzeitig motivierte es ungemein, das eigene Leben umzugestalten und ein wenig machte sich auch Erschrecken breit, wie eingefahren und berechenbar wir uns in der Vergangenheit verhielten. Richtig armselig. Zum Glück hat uns ja Harald schon immer eingetrichtert: **Alles ist jederzeit änderbar**.

So, in meinem Fall hielt ich mich auch immer gerne für ein Opfer meiner ach so schlimmen Eltern, die mich nie verstanden und mich mit ihren Vorstellungen vom rechten Leben quälten. Völlig verkannt und vergewaltigt fühlte ich mich regelrecht und tauchte oft tief in Selbstmitleid ein.

Nach dieser Übung ging das gar nicht mehr. Zuvor habe ich eine Situation gewählt, bei der mir gerade eine Familie in der Lobby über den Weg lief. Diese Menschen beachteten sich kaum und liefen freudlos in

Richtung Lift. Auf ihr Kind nahmen sie kaum Rücksicht. Genau wie bei mir, dachte ich. So habe ich mich auch immer gefühlt, unbeachtet und überflüssig. Gerade noch konnte ich einer erneuten Selbstmitleidsattacke standhalten und baute die Situation um. Wie der Mann lachend seine Frau in den Arm nahm, einen dicken Kuss aufdrückte, das Kind hochhob und mit ihnen scherzte. Jaaaaaa! Das tat gut! In der Phantasie schmiegte ich mich an Papa und Mama, fühlte Nähe und Zuneigung, fühlte mich geborgen und genoss die Zärtlichkeit ihrer Berührungen in vollen Zügen. „Mhhhhh, schön!"

Dann als nächstes überlegte ich, wie mein Leben denn dann verlaufen wäre. Vielleicht hätte ich nie so komplizierte Liebesbeziehungen gehabt? Hätte ich weniger Probleme im zwischenmenschlichen Bereich? Es fiel mir nie leicht, Nähe zuzulassen und Gefühle zu zeigen. Überhaupt wäre ich wohl viel selbstsicherer und selbstverständlicher mit den Dingen umgegangen. Vielleicht wäre ich sogar längst glücklich verheiratet, hätte süße Kinder und einen liebevollen Mann und..... – Ach du Schreck!!!! – ...wie ein Hammer erwischte mich die Erkenntnis: Es hätte vielleicht gar keinen Anlass gegeben, mein Leben ändern zu wollen. Wahrscheinlich säße ich dann gar nicht hier.... Der antreibende Motor in meinem Leben war eigentlich schon immer der gewesen, den Dingen auf den Grund zu gehen, zu verstehen, immer auf der Suche mein Wesen zu entdecken. Was es heißt, wirklich zu lieben und zu verstehen, frei zu sein. Vielleicht hätte ich mich

nie auf die Suche gemacht, wenn ich keinen Grund gesehen hätte etwas ändern zu wollen. War es dann doch gar nicht so schlecht, so wie es lief? Plötzlich machte sich Dankbarkeit in mir breit und ließ die Schwere und das Opfergefühl regelrecht verblassen. Natürlich! Es hätte auch ganz anders laufen können! Das fühlte ich nun deutlich in mir, und all der Schmerz und Leid wären nicht nötig gewesen. Aber auch die ganzen Vorwürfe und Beschuldigungen konnte ich mir von jetzt an sparen. Die Übung nahm viel Tragik aus meiner persönlichen Geschichte und half mir die emotionale Ladung rauszunehmen. Völlig egal was damals war, wie mein Vater war oder meine Mutter, es ist völlig ohne Bedeutung. Jetzt bin ich hier und kann in der Gegenwart frei entscheiden, wie mein Leben sein soll. Juhui! Eine Riesen-Schwere wich einfach so. Noch dabei bei einer Übung, die fast lächerlich harmlos wirkte. Ich war tief beeindruckt. Mit einfachen Mitteln war es möglich größte Wirkung zu erzielen und dabei noch Spaß zu haben. Und dann noch auf Hawaii. Was will man mehr? Das Schöne war, nicht nur mir ging es so, denn auch die anderen Teilnehmer zogen großen Nutzen und Befreiung aus den diversen Übungen. Neben dem freien Phantasieren war unter anderem auch die Begeisterung ein großes Thema.
Harald II traf den Nagel auf den Kopf, als er behauptete, jeder aber wirklich jeder der hier Anwesenden sei nicht wirklich von sich und seinem Tun begeistert. Er half uns zu erkennen woran das lag und wie man das ändern kann. Nebenbei möchte ich noch ergänzend erwähnen, dass Harald II wohl immer

genau das Thema dann festlegt, wenn alle Teilnehmer feststehen, also knapp vor Beginn, und dann die Übungen so konzipiert, wie sie für den Einzelnen am meisten bewirken und bewegen.
Hier ein Kommentar auf die Frage, wie die Übung denn ankam bei den meisten. Den fand ich sehr passend, denn er spiegelt schön die vorherrschende Stimmung wieder.

Teilnehmerin: **„ Bei uns war's auch ganz toll. Es hat sich so richtig tieeeef was getan. Wir sind doch an tiefe Wurzeln angekommen, wo wir dachten, das hätten wir schon alle und obwohl nicht alle drangekommen sind, haben alle davon profitiert. Während wir die Lösung für den anderen erarbeitet haben, ist uns ganz viel klar geworden dabei. Das phänomenale ist, die Übung ist ja nicht wirklich neu, wir überlegen uns ja in einigen Seminaren wo wir Opfer sind."**

Harald: *„Weißt du was ich denke, dass eine Übung immer nur so gut ist, wie deine Tagesform. Und deshalb glaube ich, da Harald II ja selten etwas grundsätzlich Neues sagt, was er noch nie gesagt hat, was auch schwierig ist nach 25 Jahren gell, er hat ja auch viel erzählt. Aber interessant ist, immer dann wenn er es erzählt, ist es für die Leute, die gerade da sind in dem Zustand wo sie gerade sind, ich denke das ist das Geheimnis warum selbst Übungen, die sich sehr ähneln selbst Aussagen, die sich sehr ähneln, selbst die Art, wie er es sagt, wann die Übung kommt und wie sie* *zusammengesetzt ist, irgendwie mehr bewirkt als vielleicht vorher. Also wahrscheinlich habt ihr das Phänomen auch schon gehabt, ihr lest ein Buch ein zweites Mal und denkt: „Was? - Stand das vorher schon drin?"*

Teilnehmerin: **„Ich finde es auch jetzt zu diesem Zeitpunkt sehr schön, weil wir ja wirklich so langsam an den Punkt kommen, wo wir unser Leben selber kreieren müssen - auch und nicht mehr so wie vorher. Ich hab festgestellt, früher war ich nur reaktiv und jetzt wo die Freiheit langsam kommt, jetzt gilt es aber eine neue Motivation zu finden, die Mechanismen langsam zu entlarven, ab diesem Punkt wo wir alle bereit sind, um wirklich den Weg des Herzens zu gehen. "**

An dieser Stelle möchte ich noch gerne eine andere Episode aus dem Seminar anbringen. Diese Geschichte soll allen weiter helfen, die manchmal Entscheidungsschwierigkeiten haben und die Tendenz haben, sich in unwesentlichen Dingen zu verlieren. Falls einer der werten Leser jemanden kennt, oder schon mal davon gehört hat....☺
Unter anderem befand sich unter den Teilnehmern auch Louis, wir nannten ihn auch gerne liebevoll Brother Louis. Louis sitzt schon seit vielen Jahren aufgrund einer Lähmung im Rollstuhl und ist auf Hilfe angewiesen. Auch in dem Seminar hatte er seinen

Helfer mit dabei, Andreas. Brother Louis ist ein sehr aufgewecktes Kerlchen, immer mit einem kessen Spruch auf den Lippen. Auch behauptet er von sich, medial mit Pele in Kontakt zu stehen. Für alle, die nicht genau wissen, wer Pele ist und warum das so toll ist: Hierbei handelt sich also nicht um den Brasilianischen Super-Torjäger, nein in dem Fall ist Pele die Göttin der Vulkane von Hawaii und jeder Mann, der ihr einmal in die Augen blickte, schmilzt dahin oder so ähnlich. *„Nichts ist eine heißere Erfahrung als Pele Auge in Auge ins Gesicht zu schauen! Pele nimmt mehrerlei Formen an, am bekanntesten ist sie in menschlicher Form"* meint dazu Harald.

Jedenfalls wurde unser Louis nun persönlich von Pele eingeladen – angeblich - nach Hawaii zu kommen, um dort zu leben und zu wirken, d.h. sich selbst und andere zu heilen. Wer würde da widerstehen? Es ließ ihn also nicht gänzlich kalt – wie auch bei einer Feuergöttin? Er war nun in Gedanken ständig abwesend und sah sich mit einigen Problemen konfrontiert, vor allem logistischer Art, die es nun zu lösen galt. Wäre doch praktisch, so dachte er, wenn er gleich da bleiben könnte und sich die Strapazen des langen Fluges ersparen könne. Um sich noch mehr Klarheit zu verschaffen, nutzte er die günstige Gelegenheit beim nächsten Harald II Vortrag, als er anschließend zu Fragen einlud. Louis zögerte nicht lange und erzählte von seinen Plänen und was Harald II denn so dazu meine. Soll er, soll er nicht, es sei ja schließlich eine

Entscheidung, die größere Konsequenzen und Hürden mit sich zog.

Harald II antwortete darauf in seiner typisch nonchalanten Art: *„Nun, liebster Freund, sag uns, wie lange glaubst du noch zu leben!!...* Stille machte sich breit, Louis stotterte **„Ich habe keine genaue Vorstellung.."** Ich hatte den Eindruck, in dem Moment fühlte er das Damoklesschwert ganz dicht über seinem Kopf schweben. Angespannt war die Atmosphäre im Raum, atemlos und gebannt erwarteten wir die Antwort, die nicht lange auf sich warten lies: *„Genau liebster Freund, du sagst es, du weißt es nicht. Dein Leben könnte morgen zu Ende sein. Da das aber so ist, sollte deine Perspektive so sein, dass du heute lebst und nicht morgen. D.h. das was morgen oder übermorgen kommt, ist nicht relevant, relevant ist, dass du dich jetzt mit Entscheidungen und Phantasien beschäftigst, die sich richtig und gut anfühlen und zwar jetzt – was daraus wird und ob etwas draus wird und wie lange etwas daraus werden kann, wie lange du beispielsweise lebst, ist für dich nicht zu durchschauen. Und mit gutem Grund, weil das bringt dich dazu, im Jetzt alles zu geben, dass Du dich im Jetzt gut fühlst, in deiner Phantasie. Kannst du uns soweit folgen?* **„ Ja"** *„Und damit ist deine Frage auch beantwortet und dein Problem gelöst.* " **„Danke!"**

Damit verabschiedetet er sich aus der „außergewöhnlichen Runde" und war weg. Jedenfalls in dieser Form. Das saß! Louis zog sich zurück, um das

Gesagte zu verdauen. Uns ließen die Worte ebenfalls nicht kalt. Wir wissen ja alle nicht, wie lange wir noch leben und zu gerne verlieren wir uns in der Vergangenheit oder Zukunft und vergessen völlig die Gegenwart zu bemerken, geschweige denn zu genießen. Manchmal ist drastisches Aufrütteln gar nicht so schlecht, denn wir schossen sofort zum Cappuccino Stand und genossen diesen mit köstlich duftendem Gebäck, als wäre es das letzte Mal im Leben. Wir sogen so richtig alles in uns auf. „Mhhhhh", *Schmatz, Schlürf, Schlemm* „Guuuuuut!" „Super-Leeeeecker."

Am nächsten Tag passierte dann noch etwas sehr Aufregendes, ein richtig starkes Erdbeben schüttelte uns gehörig durch. Die meisten von uns befanden sich noch im Bett und wurden gehörig erschreckt, durch diese unsanften Rüttler. Einigen jagte es richtig Angst ein und der Schreck saß noch ein paar Tage in den Knochen. Wir löcherten natürlich Harald, dass er uns was dazu sagen solle. Hier ein Auszug aus dem Vortrag von Harald II, der das Erdbeben ebenfalls kommentierte:

„...die Erde bewegt sich, denn sie ist ein Wesen. Sie ordnet sich neu und beseitigt Geschwüre ähnlich wie ein Körper, indem sie das Geschwür auflöst, überrollt und vernichtet oder abwirft. Der Mensch in vielerlei Formen ist eine Art Geschwür geworden. Deshalb weil er egoistisch an seinen eigenen Zielen klebt und sich

selbst untereinander das Leben schwer macht, aber der Welt, den Tieren, den Pflanzen und allem, was es braucht die Welt in Takt im Gleichgewicht zu halten. Den Weg des Herzens zu gehen, bedeutet, dass ihr zum einen für Euch selbst versucht in eine neue Rolle zu schlüpfen, die Eurem Wesen mehr entspricht. Aber gleichzeitig auch für die Menschen eine neue Energie in Gang zu setzen, die diesen Verlauf auf der Welt in einer Bahn hält, die Menschen überlebensfähig macht. Die Übung des heutigen Tages sollte so aussehen, liebste Freunde, dass Ihr Euch zunächst etwas Zeit nehmt für Euch alleine und Ihr Euch Gedanken darüber macht: Was stört Euch an Euch selbst, wo glaubt Ihr, Ungerechtigkeit erfahren zu haben, Mangel erlitten zu haben und dadurch geprägt zu sein, so wie ihr in der Vergangenheit lange geglaubt habt zu sein. Dann fragt Ihr Euch: Wie müsstet Ihr stattdessen sein, dass Ihr Euch leicht, vergnügt und voller Kraft fühlt, geeignet, die Welt zu formen. ...wie wir bereits sagten, der Ort an dem Ihr seid, Hawaii, ist ein Ort der Wandlung geboren aus Feuer. Wie sehr diese Kraft der Wandlung hier schlummert, habt Ihr heute Vormittag gespürt, zumindest einige von Euch. Diese Kraft hat auf der einen Seite eine Wirkung von extremer Wandlung, die andere vielleicht als Katastrophen empfinden könnten, andererseits gibt sie auch Kraft für eine geistige Wandlung für diejenigen Menschen, die diese Kraft nutzen. Es ist eine enorme heilsame Wirkung in dieser Energie wie jetzt schleichend hier vorhanden ist. Heilenergie für Euren Körper, für Eure Gedanken für Eure Gefühle. Intensive Energien, die Ihr

benutzen könnt, für Eure Visionen. Aber im Moment sollt Ihr sie nutzen, um ein Selbstbild zu heilen, das auf Mangel basiert. An dieser Stelle laden wir ein zu Fragen. Wir hören:
„Was sagt den Harald II zu dem gewaltigen Ereignis von heute morgen?"
"Nun, wie bereits angedeutet, liebste Freundin, seit einigen Jahren ist die Erde in Vorbereitungen begriffen, Ordnung zu schaffen. Ordnung zu schaffen bedeutet, sie muss die Wunden heilen, die ihr zugefügt wurden, und verschiedenste Formen von Verletzungen, entstanden durch die Gier und Ausbeutung von Menschen. Dies zu heilen, bedeutet, sie muss Hohlräume schließen, sie muss Gifte eliminieren, und in gewisser Form geht das nur, wenn ihre ganze Kraft von innen nach außen geht. Es gibt natürliche Wandlungsprozesse, die ihr als Menschen wahrscheinlich als Naturkatastrophen bezeichnen würdet. Die aber im Prinzip dazu dienen, die Wunden der Erde zu schließen, und die Erde wieder in ein Gleichgewicht zu bringen, indem es möglich ist für die Natur, sich zu erholen, für Insekten für die Tiere und die Pflanzen und letztendlich auch diese Erde wieder bewohnbar zu machen für Menschen. Die letzten vier Jahre haben diese Aktionen zugenommen, wurden aber als solche nicht wirklich registriert und waren bislang noch nicht Anlass für ein großes Umdenken der meisten Menschen. Deshalb werden diese Aktionen zunehmen bis sie ein Ausmaß erreichen, dass es notwendig ist umzudenken. Für Euch bedeutet diese Aktion von heute Früh auf der einen Seite eine

Erinnerung daran, wie schnell das Leben vorbei sein kann, wie wichtig es ist, es zu nutzen, so lange es dauert, zum zweiten Euch daran zu erinnern, dass es wichtig ist, irgendwann eine Entscheidung zu fällen, die Wahrnehmung vom kleinlichen Selbst, nach außen zu kehren, Interesse zu haben an den großen Prozessen, die in der Welt vor sich gehen und vielleicht auch dann Anteil daran zu nehmen, die Prozesse und die Menschen, die daran beteiligt sind, in eine bessere Richtung zu bringen. Heilenergie in Gang zu setzen, Inspiration in Gang zu setzen. Den Menschen wieder darauf hin zu weisen, welche Fähigkeiten des Geistes er als menschliche Idee, menschliches Bewusstsein mitgebracht hat und zur Anwendung bringen kann."

„Wir hören die nächste Frage:": **„Wie können wir die Kräfte, die da vorhanden sind am besten nutzen? Und das in Gang setzen, was positiv ist für uns und alle?"**

„Nun, zunächst ist es so, liebste Freundin, was Energie magisch anzieht, ist die Liebe zum Sein. Die Liebe zum Sein bei vielen Menschen ist verkümmert, weil er so sehr versucht, sich selbst zu lieben und auf sich selbst zu achten und den Rest des Seins vergisst. D.h., ein Mensch, der automatisch sich Gedanken darüber macht, was er Gutes tun könnte für andere und insbesondere auch für die Welt in allen Aspekten, der wird diese Energie wie von selbst anziehen. Eine Wandlungsenergie, die ihn beflügelt! Dazu ist es notwendig, die eigenen Ängste herauszufordern und sich nicht mehr so sehr Gedanken darüber zu machen

über das eigene Schicksal, den eigenen Tod, den eigenen Lebenssinn, sondern auch wie die Welt insgesamt wieder zu einem Paradies werden könnte. Die Idee, die Welt könnte wieder ein Paradies werden, ist in der Phantasie vieler Menschen bereits gelöscht. Sie glauben nicht mehr daran, was sehr tragisch ist und deshalb sind es Menschen wie ihr, die diese Phantasie wieder schaffen müssen, Phantasie von einer heilen Welt, in der sich die Menschen freuen und im Einklang leben mit der Natur. In der die Menschen friedlich miteinander umgehen unabhängig von ihrer geistigen, religiösen, moralischen, sozialen oder sonstigen Sichtweise. Z. B. das Einnehmen einer größeren Perspektive, wie bereits angedeutet. Einen liebevollen Ansatz, der sich nichts mehr wünscht, als eine Welt, die in Harmonie und in Frieden eine Plattform bietet, für jegliche Form von Bewusstsein, um sich zum Ausdruck zu bringen, aber ganz besonders für den Menschen.

Die Welt ist eine besondere Ebene, in der sich der Mensch zum Ausdruck bringen kann auf vielerlei Weise. Es gibt hier eine Energie, die ihr als Gefühlsenergie kennt, die sehr typisch ist für den Planeten Erde, und die in dieser Form so auch nur hier erlebbar ist. Auf anderen Planeten, wo auch Menschen hingekommen sind im Laufe der Geschichte, ist die Qualität des Gefühls nicht so lebendig und kann deshalb auch nicht so sehr Ausdruck des Geistes sein, wie das hier der Fall ist. Aber diese Energie des Gefühls hat sehr viel damit zu tun, dass sie im Kanal der Liebe stattfindet und dann zur eigentlichen Kraft führt."

"Wie kann ich nun andere Menschen inspirieren?"
.. darauf hinweisen, dass es nicht darum geht, Leistung zu bringen, Geld zu verdienen, wirtschaftlich anerkannt zu sein und dergleichen. Sondern wirklich Freude im Herzen zu haben, wie die Kinder. Darum geht es. Indem du Menschen Freiheit, Lockerheit und Liebe vermittelst. Das ist der Weg. Und das ist der Weg, den unser werter Freund Harald I zu gehen versucht. Er versucht Liebe, Freude und Leichtigkeit zu suggerieren durch die Art und Weise wie er ist und durch die Art und Weise wie er sich um andere Menschen kümmert. Ihr könntet es in ähnlicher Form aber auch in ganz anderer Form tun. Aber in diese Richtung sollte es gehen!

Ja, das kann ich nur bestätigen. Bei Haralds Seminaren hat man nicht gleich den Eindruck, es geht hier seriös zu. Was oft gerade bei Neulingen zu erheblichen Irritationen führt. Es ist mehr eine hintergründige, nicht auf Anhieb erkennbare Seriosität, die sich dann zeigt, wenn man mit dem Herzen schaut. Ich nehme es als eine unendlich liebevolle und wohlwollende Atmosphäre war, die er als eine Plattform oder besser Nährboden für das Seminar zur Verfügung stellt. Es fühlt sich so an als wäre alles in Ordnung, man kann so sein, wie man will, mit all seinen Eigenwilligkeiten und es ist okay. Im Hintergrund wird alles mit solch einer

Liebe und Hingabe eingefädelt, dass es sich perfekt für den Einzelnen fügt und sich z.B. auch in den Pausen oder in der Nacht einiges tut, oder Begegnungen stattfinden, die wie Puzzleteilchen das Gesamtbild vervollständigen. Ich glaube persönlich sehr daran, genauso wie Gott alles mit einer großen Liebe und Freude geschaffen hat und seine Schöpfung total perfekt ist, dass auch wenn der Mensch genau diese Absicht in sich hat, Freude und Liebe zu schaffen und sich in Einklang damit befindet, dass es perfekt für alle Beteiligten rauskommt – nur nicht immer auf dem offensichtlichsten Weg. Das bestärkt mich in meinem Glauben und in der Absicht mein Tun, Denken und Fühlen genauso mit dieser Einstellung zu prägen.

Nach einer kleinen Cappuccinopause erzählte uns Harald noch kurz, dass ihn heute sein guter alter Freund, Dr. Fred Bell, angerufen hat und das Gespräch mit den Worten **„Hey Harald, did you rock your people?"** (wegen des Erdbebens) eröffnete. Daraufhin bedrängten wir ihn, er möge uns noch mehr über Dr. Bell erzählen, von dem wir alle schon ein bisschen was gehört haben, was total neugierig macht. Es existiert z. B. ein kleines Büchlein auch in Deutsch erhältlich mit dem Titel: „Das Versprechen", geschrieben von Brad Steiger. Es liest sich so unglaublich wie ein Indiana Jones Roman. Außerdem tragen viele von uns den so genannten Rezeptor, einen Anhänger, den er konstruiert hat, inspiriert durch plejadische Technologie.

Und diesen ungewöhnlichen Mann wollte ich schon immer mal kennen lernen! Wow! Aber jetzt äußerste Konzentration, Harald hat schon begonnen über ihn zu berichten:

„Irgendwann sollte man ihn mal besuchen in Kalifornien, in Süd-Kalifornien, um genau zu sein. Was nämlich enorm interessant ist, ist eine Lasershow bei ihm zu Hause. Er hat nämlich nicht einfach nur ein Zuhause, sondern er hütet einen Kraftpunkt. Und es gibt verschiedene Punkte auf der Welt, wo Kraftflüsse an die Oberfläche treten. Und von diesen Punkten aus kann er über Kristall- und Laserenergie die Erde harmonisieren und schickt die zurück durch die Erde. Er hat auch so ne Zeichnung, wo er versucht das klar zu machen aber so richtig begreifen tut man's wahrscheinlich nicht, weil seine Art Wissenschaft zu betreiben ist weit jenseits von dem, was man normalerweise macht. Aber auf jeden Fall sein Haus ist auf so einem Kraftpunkt gebaut und er hütet diesen Kraftpunkt, das ist seine Bestimmung, sagt er. Er macht dort also auch Seancen, er macht dort alles mit Weihrauch voll, dann ist nur noch Nebel und dann wirft er die Laser an, aber richtig kraftvolle Laser in allen Farben mit Spiegeln mehrmals umgelenkt auf Wahnsinns-Kristalle. Und die Energie, die dort freigesetzt wird, da sieht man richtig, wie unsere Wirklichkeit anfängt zu flimmern – kann man nur so ausdrücken- Und in diesem Flimmern manifestieren

sich plötzlich Engelwesen, man sieht richtig wie sie Form gewinnen. Aber in diesem Flimmern kann man auch Heilprozesse in Gang setzten, starke Gedanken machen oder sein geistiges Tor öffnen. Irgendwann sollten wir das mal machen. Also der Fred Bell ist ein sehr schrullig, er war ja früher NASA-Wissenschaftler, er ist Wissenschaftler durch und durch. Er hat ein Wissen, das so gewaltig ist, dass er manchmal unruhig reagiert, wenn einer nicht gleich versteht, was er sagt. Auf jeden Fall es wäre schon mal spannend, so eine Seance zu machen. Jedenfalls hat er gemeint, so aus seiner Sicht, sei hier das optimale Umfeld so mit Erdbeben und Regen und Wind für diese Art von Seminar von mir."

Das hörte sich für mich alles so unglaublich und spannend an, dass ich beschloss, wie ein paar andere, diesen Verrückten zu besuchen. und endlich bot sich diese Chance. JUHUIIIII. Langeweile war gestern, das Leben kann so unglaublich spannend sein, wenn man es nur zulässt. Wow.

So und jetzt von den dramatischen Ereignissen dieses Seminars zu den vergnüglichen, dem Salz in der Suppe eines jeden Seminars – den Romanzen und Liebeleien. Hier auf der Insel der Superlative dürfen Liebesgeschichten natürlich auf gar keinen Fall fehlen. Den Anfang machte die liebenswerte und stets gut gelaunte Nicki. Sie war mir bereits aus anderen

Seminaren bekannt und ich hatte sie von Anfang an in mein Herz geschlossen. Nicki ist unter anderem Mentaltrainerin für Spitzensportler und vor allem ein Ass was das Visionieren anbelangt. Darin schlägt sie uns alle. Denn sie denkt nicht nur an die Details, sondern malt alles perfekt aus. Wenn so eine Frau also loslegt, darf man mehr als gespannt sein. Wir merkten sofort, dass da was im Busch ist, den Nicki saß mit ganz verklärtem Blick im Seminar und lächelte verschmitzt vor sich hin und schien ständig abwesend zu sein. Eindeutig verliebt, lautete unsere Diagnose. Da man viel von Nicki lernen kann, wollten wir es genau wissen, vor allem ich. Aber ich musste nicht lange bohren, sie kooperierte bereitwillig und ließ uns alle teilhaben.

Gerne versuche ich nun ihre Geschichte wahrheitsgetreu wiederzugeben, entschuldige mich aber gleich dafür, denn ich hab's mit Details einfach nicht so.

„Ihr wisst ja, fing sie an, ich spiele so gerne Golf und hier in der Nachbarschaft habe ich einen wunderschönen Club ausfindig gemacht, in dem ich unbedingt spielen wollte. Jedoch stellte sich heraus, dass ein Gastspiel sehr kostspielig ist und das war es mir nun auch wieder nicht wert. Vielleicht lädt mich ja jemand ein und ich kann im Gegenzug ein paar wertvolle Impulse geben, mit dem was wir in den Seminaren so bewegen. Kurz darauf kam ein netter attraktiver Mann des Wegs. Der hat mir sofort gefallen, grinste sie, und sprach mich an. Ob ich denn auch hier spiele und so. Darauf antwortete ich, dass ich gerne

würde, aber es sei mir einfach zu teuer. Oh, kein Problem, sagte er, er arbeitet hier und es ist ihm erlaubt jemanden einzuladen und wenn sie Lust hätte mit ihm „vorlieb" zu nehmen, können sie beide morgen nach seinem Dienst gemeinsam spielen. Klar wollte ich das, lachte sie und wir waren ganz gespannt, wie es weiter geht. „Erzähl´, erzähl´"!, drängelte ich liebevoll. Nun, am nächsten Tag, wartete er bereits im eigens vorbereiteten Golfwagen auf sie, erzählte sie weiter. Fürsorglich und umsichtig bestückt mit gekühlten Getränken und leckeren Sandwiches sowie den nötigen Schlägern und Bällen. Freudestrahlend begrüßte er mich mit den Worten „Hi Honey, ich hab schon auf dich gewartet". Er fand es sehr spannend, was wir in dem Seminar alles lernten und wollte es genauer wissen. Seine Offenheit und kindliche Neugierde gefielen mir auf Anhieb, sagte sie. Aber es wird noch besser. Trotz Begeisterung wollte ich nicht auf die Abendmeditation verzichten und verabredete mich also danach mit ihm am Strand. Wieder hatte er alles liebevoll vorbereitet, für Decken und Kissen gesorgt, Kerzen aufgestellt, gekühlten Wein dabei und das Beste: er spiele mir auf seiner Ukulele vor und sang mit sanfter, gefühlvoller Stimme selbstkomponierte Lieder auf Hawaiianisch. Zum Dahin-Schmelzen. Genau so habe ich es mir visioniert. Dazu noch der Sternenhimmel und das Meeresrauschen.
Wir waren alle am Dahin-Schwelgen und seufzten. Ohhhhhhh. Schöööööön. Ich wünsche mir auch einen Mann, der Musik liebt, einen Song für mich schreibt und vorspielt!!!!

Meine Phantasie jedenfalls war deutlich angeregt und ich machte mich gleich dran, mir vorzustellen, wie ich es gerne hätte. Da ich damals noch weniger als heute, nicht immer so flexibel in meinem Denken bin, war für mich das Naheliegendste, dass es ein Hawaiianer sein würde. Gott sei Dank machten wir am nächsten Tag wieder eine Meditation, in der wir auf die Stimme des Herzens lauschen sollten mit der Absicht, dass genau das, was jetzt wichtig wäre, sich für uns offenbaren würde. Glücklicherweise spürte ich genau rein und empfing eindeutig den Impuls, offener zu sein, was mögliche Kandidaten anbelange und in meiner Phantasie Übungen zu machen, wie ich mit den potentiell in Frage kämenden „anbandeln" könne, um mehr Möglichkeiten zu schaffen. Und das machte ich dann die nächsten Tage auch. Dabei merkte ich erst, wie eingefahren auch hier wieder meine Phantasie war. Gut, lässt sich alles ändern, sagte ich mir und legte eifrig los. Ich stellte mir vor, wie der nette Rezeptionist mich zum Essen einlud. Wie ich den Kellner fragte, ob er nach dem Feierabend noch was vorhabe. Ich sah mich mit anderen männlichen Hotelgästen flirten und schäkern – alles in meiner Phantasie wohlgemerkt – und malte mir somit die Stimmungen aus, in der ich am liebsten sein möchte in Realität, damit das dazu passende Schnucki angezogen werden konnte – rein resonanzmäßig.

Kaum war mein Tunnelblick von den Hawaiianern wegvisioniert, fiel mir auch endlich auf, was sich die ganze Zeit vor meiner Nase befand: Andreas, der süße

Helfer von Louis. Auch ich war ihm schon aufgefallen, nur schon bedeutend eher. Ich saß damals dermaßen auf der Leitung dass ich es erst merkte, dass ich die ganze Zeit dämlich grinsend durch die Gegend lief und mich immer freute, wenn Andreas in meiner Nähe war. Der war dann auch ganz oft in meiner Nähe. Da war das Harald Seminar aber bereits zu Ende, doch das nächste Abenteuer stand schon vor der Tür, der Besuch beim Kahuna Priester. Glücklicherweise nahm Louis auch teil und damit natürlich auch Andreas. *grins*

Teil 2. Besuch beim Kahuna Priester Ku.

Ku verbrachte seine Kindheit auf der Hawaiianischen Insel Oahu. Die Weitergabe der „heiligen Geheimnisse", wie sie vor dem 12. Jahrhundert überliefert worden sind, geschah durch seine Großmutter.

Seminarbeschreibung:

Das Weitergeben der alten Geheimnisse, das Herz zu öffnen, um der Gemeinschaft dienlich zu sein, ist eine große Bewegung.

Vor den Missionierungen im 12. Jahrhundert beruhte die Gesellschaft von Hawaii auf der Schwingungsebene der Liebe und nicht der Angst. Die Zeit für eine große Bewegung, das Herz zu öffnen, ist jetzt reif. Das Wesentliche daran besteht, mit dem Heilungsprozess jeweils mit einer Person zu beginnen: zuerst mit mir selber, dann die nächste Person, mit der ich in Kontakt komme, etc.

Die alte Kunst des „Öffnen des Herzens" wird noch von einer Handvoll von Kahunas gelehrt: damit diese für die Menschheit wichtigen „Geheimnisse" nicht für immer verloren gehen, halte ich nun Ausschau, um die Weisheit meiner Ahnen an interessierte und engagierte Menschen weiterzugeben.
Ku, Kahuna Lokahi, - Huna Priester aus Hawaii
Wir hatten das Glück, dass das Seminar nicht wie zuerst angekündigt in einem Seminarraum eines Hotels stattfand, sondern direkt in seinem Wohnzimmer, was natürlich viel spannender und auch gemütlicher war. Das Haus war schon mal ziemlich ungewöhnlich, was die Form betraf, es war in Gestalt eines Oktagons gebaut, aus energetischen Gründen.
Der Empfang war sehr herzlich und ich fühlte mich gleich sehr wohl und freute mich auf die bevorstehenden Ereignisse.

Ich kann jedem nur empfehlen, selbst in den Genuss eines solchen Seminars oder Workshops einzutauchen, daher verrate ich jetzt auch gar keine Einzelheiten. Eines war für mich jedenfalls ganz deutlich zu spüren, Ku und seine Frau gaben sich enorm große Mühe, die Tage für uns so fruchtbar wie möglich zu gestalten, setzten sich mit allen Kräften – den sichtbaren und den unsichtbaren – ein, damit jeder die Chance hatte Heilung zu erfahren, Erkenntnisse zu gewinnen, Liebe zuzulassen zu sich und zu anderen. Der Rahmen war sehr locker und frei, wir durften sogar seine spezial angefertigten Riesentrommeln malträtieren. Diese Trommeln erinnerten beim Schlagen eines bestimmten Rhythmus an das Schlagen des Herzens wenn man im Mutterleib sitzt. Das war faszinierend und berührend zugleich. „Frau Ku" versorgte uns mit gesunden Köstlichkeiten, liebevoll zubereitet. Bedauerlicherweise wurde das nicht von allen zu schätzen gewusst, wie selbst gemachte Sprossensuppe und Kartoffelburger mit Mandelmajo. Mich amüsierte es z.B. köstlich und ich liebe schräge Situationen total, dass Frau „Ku" eine Art Koch Show, mit passenden Outfit inklusive Kochmütze, darbot. Total amerikanisch. Das hat einige leicht irritiert. Im ersten Moment wollte ich mich auch darüber lustig machen und zog schon fast innerlich darüber her. Aber dann spürte ich, wie fehl am Platze das doch wäre. Es geht hier um mehr, es war Ausdruck, wie sehr sie sich Mühe gaben und uns einfach etwas bieten wollten mit „spezial effects". Wenn wir das nicht checken, liegt das sicher an unserer kleinlichen Sichtweise. Gut habe ich das schnell eingesehen!

Trotzdem wurde das Kochen kurzerhand aus dem Programm gestrichen. Obwohl traditionell die Ernährung einfach in der Kahuna Lehre auch eine Rolle spiele, wie man uns erklärte. Gott sei Dank sind die „Ku´s" nicht nachtragend oder haben es persönlich genommen. Sie haben sich sehr flexibel und offen gezeigt, was unsere Bedürfnisse betraf und das ist wirklich nicht sehr einfach – zumal wir extrem verwöhnt sind von Haralds großzügigem Umgang mit Zeit und der Beliebigkeit der Pausenzeiten. Was ich persönlich auch tief berührend fand, dass so weit ich das wahrnehmen konnte, jeder täglich vor der Wahl stand, was seine Stimme des Herzens genau sagte, ob Seminar oder nicht, Strand oder Helikopterflug, allein oder Gruppe, ungeachtet, was ein anderer dazu sagte oder wie es ankam. Als schönes Zeichen empfanden wir alle einstimmig ohne Ausnahme dann folgende spontane Begebenheit. Am letzten Tag, als die „Ku-Gruppe" sich aufmachte zu dem mehrere 100 Kilometer entfernten Vulkan für die Nachtwanderung, machten wir Halt nahe der Hauptstadt Hilo in einem Einkaufszentrum zwecks Nahrungsaufnahme. Kurz darauf kam uns wie verabredet die „Anti-Ku-Gruppe", die an dem Tag einen Helikopterflug unternahm – entgegen, auch hungrig. So nahmen wir gemeinsam unser Mahl ein und waren gerührt von der schönen Symbolik, ganz egal wo wir gerade sind, wer welchen Weg geht, die Stimme des Herzens führt uns alle zusammen und wir sind nie wirklich getrennt, den die Absicht, der größere Sinn dahinter, ist immer ähnlich, wenn nicht gar gleich. Die Nachtwanderung auf den Vulkan war dann noch ein schöner, aufregender Abschluss, nach all den Ereignissen. Wir sind tatsächlich auf erkalteter Lava – etwa ein halbes Jahr „junge" Erde – in der Nacht gewandert, jeder mit einer Taschenlampe bewaffnet. In der Ferne sah man gerade aktive Lavaströme fließen, die mit lautem Zischen und Getöse ins Meer schoss. Diese Wanderung verstärkte nochmals unseren Gruppenzusammenhalt, wir mussten aufeinander hören und warten. Im Alleingang kann es schnell gefährlich werden, also aufpassen und alle unsere Sinne schärfen. Der Sternenhimmel war überwältigend, genauso wie die Stimmung und die besondere Energie, die dort herrschte. Wir ließen uns mit der Stille ein und verbanden die Pause mit einer Meditation, jeder nutzte es auf seine Weise für seine Wünsche und Anliegen. Nahezu ein perfekter Rahmen für ein romantisches Ansinnen, doch leider konnte Louis aufgrund der Strapazen und Unwägbarkeiten nicht teilnehmen somit auch nicht Andreas. Trotzdem sollte es noch reichlich Gelegenheit geben, dies nachzuholen....

....doch das Seminar mit Ku fand damit langsam mit der Rückfahrt seinen Ausklang. Der Abschied war sehr herzlich und warm und wir alle waren uns einig, es sind bei jedem Einzelnen viele heilende Prozesse gelaufen, manchmal auch begleitet von Tränen. Die Übungen ergänzten sich perfekt mit den vorangegangen Übungen von Harald I und II, wir machten auch einige Übungen, die halfen sich im besseren Licht zu sehen, was letztendlich auch der eigenen Begeisterung zuträglich war. Und ich für meinen Teil kann sagen, hier auf Hawaii unterstützt durch die wundervolle Arbeit von Harald und Ku, wer weiß, vielleicht auch von Pele, wurde einiges weggesprengt von dem, was es mir verhinderte mein Herz zu öffnen, liebevoller mit mir umzugehen, mit anderen Menschen, zu fühlen was Toleranz wirklich bedeutet, wie es sich anfühlt und damit auch weniger kritisch zu sein. Und jeder der mich kennt, würde wissen, das will was heißen!

Zurück zur Liebe.....Andreas....ja also dem begegnete ich dann noch am Abend in der Lobby zum Cocktailstündchen, das ein paar von uns anberaumten um uns von den aufwühlenden Ereignissen zu regenerieren. Zufällig war der Platz neben mir auf dem Sofa noch frei als Andreas mit Louis um die Ecke bog. Er nutzte die Gunst der Stunde, nahm also neben mir Platz. Wir unterhielten uns sofort angeregt und vergaßen die Welt um uns herum. Glücklicherweise wurde Louis liebevoll in der Zwischenzeit von Sabine, meiner Zimmernachbarin, unterhalten und bekam dann einen „Heilschlaf" verordnet, so dass wir lange Zeit hatten, was wir dann auch reichlich genossen. Er schlug vor, unsere Cocktails runter zum Strand mitzu nehmen und dort könne man ja ein wenig verweilen. Es war herrlich, wir standen im weichen Sand, angenehm warmes Wasser umspülte unsere Beine, eine leichte

Brise wehte den süßen betörenden Duft einiger Blüten zu uns rüber, über uns funkelten die Sterne und von der Lobby hörte man noch ganz leise hawaiianische Klänge. Wir waren beide fast trunken von den intensiven Sinneseindrücken – nicht von Cocktails (die haben wir nämlich ganz vergessen gehabt). Da hob er mich plötzlich hoch und wirbelte mich umher und jauchzte. Ach, ist das schön und kann das Leben schön sein. Alles um uns herum war sanft und liebevoll, es schien beinahe, als nahm alles um uns herum an unserem Glück teil und schenkte uns einen geschützten Raum. Zärtlich berührten und küssten wir uns, gingen sehr sanft und behutsam miteinander um. Das war genau so, wie ich es mir immer gewünscht hatte. Noch vor dem Abflug hatte ich einen Wunsch losgeschickt, ich wollte Zärtlichkeit durch und durch erleben, auf allen Ebenen. Wie es ist, Zärtlichkeit zu empfangen ohne Hintergedanken oder forderndem Beigeschmack, zu geben, zärtlich mit mir in Gedanken umzugehen, bei allem was ich tue, beim Essen, Anziehen, Kofferpacken, den Wind auf liebkosende Weise zu spüren, jede einzelne Zelle fühlt sich an wie geküsst, eingehüllt vom zarten Duft der Blumen, das Wasser sanft auf meiner Haut erleben, zärtliche Blicke zu verteilen an meine Umwelt, die Welt nicht wie bislang als feindlich erleben. Und vieles davon passierte in dem Augenblick und manifestierte sich auf so wundervolle und für mich perfekte Art und Weise. Ich habe alles tief in mich aufgesogen und diese Gefühle in jeder Zelle abgespeichert, damit ich es immer abrufen kann, ohne jetzt von einer bestimmten Person oder

Situation abhängig zu sein. Wir genossen noch die letzten Tage auf Hawaii in vollen Zügen zusammen. Aber uns blieb ja noch der gemeinsame Flug nach Los Angeles. Mir war es vor allem wichtig, keinerlei Erwartungen zu haben weder an ihn noch an das Leben. Ich wusste zwar, dass er und Louis noch eine Nacht in LA verbringen würden, bevor sie endgültig den Heimflug antraten. (Brother Louis Wunsch gleich auf Hawaii zu bleiben erfüllte sich nicht, aber verschoben ist ja nicht aufgehoben). Jedoch sollte Sabine sich nicht veranlasst fühlen, der Liebe wegen auch noch eine Nacht in LA zu verbringen, so schön ist die Stadt wirklich nicht und wir wollten ja weiter die Küste entlang zu Fred Bell. Doch welch eine Freude, sie wollte nach dem Flug nicht noch weitere Strapazen auf sich nehmen und so fand sie es eine tolle Idee noch eine gemeinsame Nacht in LA zu verbringen und sich dann frisch und munter Tags darauf auf den Weg zu Dr. Bell zu machen. So kam es, dass ich noch eine wunderschöne Nacht mit Andreas verbringen durfte. Doch es war klar, es würde die letzte sein. Danach würde er wieder sein „gewohntes" Leben leben und irgendwann habe ich mal bemerkt, ich kann nicht mehr mit einem Menschen näher zusammen sein, der ein „normales" Leben lebt. Ich will einen Freigeist und keine Kompromisse! Nichtsdestotrotz, hatte ich eine wunderschöne Zeit mit Andreas, für die ich sehr dankbar bin, er hat mich extrem inspiriert und ich konnte tief in meine Zellen das Gefühl von Zärtlichkeit verankern. Das nutzte ich für meine Phantasie und stellte mir einen Partner vor, mit dem ich unter andrem genau das erleben kann!

-10-
Der Besuch bei Dr. Fred Bell

Zeitgleich trafen wir im Hotel noch auf eine Gruppe auffallend fröhlicher und ausgelassener Frauen, die sofort unsere Aufmerksamkeit erregten. Denn sie wirkten, als hätten sie eine Art inneres Licht angeknipst. Neugierig schielten wir auf die Namenstäfelchen, die sie alle an der Kleidung befestigt hatten „Workshop Byron Katie". Wow, die wollte ich schon immer mal kennen lernen. Eine Frau mit einer sehr faszinierenden Geschichte und einer eindrucksvollen spirituellen Arbeit, die sie „The Work" nannte. In Deutschland hatte ich es nie geschafft, eine ihrer Veranstaltungen zu besuchen, doch vielleicht fand ich hier die Gelegenheit? Denn in ein paar Tagen fand für Neugierige ein kostenloser „Kennenlern-Workshop" statt. Den wollte ich keinesfalls verpassen. Die Ereignisse überschlugen sich regelrecht. Sabine, auch hier wieder Reisegefährtin, war ebenfalls in Hochstimmung und berauscht von den gesamten letzten Eindrücken. Uns war klar, ein passendes Fahrzeug musste her, so mieteten wir uns kurzerhand einen rotes Ford Mustang Cabriolet. „Yee-Haw". Damit brausten wir nun die Küste entlang bis zu dem Ort, wo Fred Bell wohnt. Harald hatte uns netterweise schon telefonisch angekündigt und wir wurden erwartet. In der Gegend fühlten wir uns auf Anhieb wohl. Ein süßes Örtchen mit netten kleinen Geschäften und tollen Restaurants, ebenfalls direkt am Meer gelegen. Im Hotel trafen wir dann 3 weitere „Mädels" von unserer Truppe. Pia, Georgia und Wera. Wera bestellt schon seit vielen Jahren die Produkte von Fred Bell und bringt sie erfolgreich unter die Menschen. Persönlich kannte sie ihn jedoch noch nicht, was sich jetzt ändern sollte. Gespannt und etwas nervös standen wir vor der Haustür. Gleich sollten wir einen der aufregendsten und ungewöhnlichsten Menschen überhaupt (für meine Begriffe) antreffen. Da öffnete sich die Türe und da war er, Dr. Fred in Begleitung seiner charmanten Partnerin Mikelle, eine engelsgleiche Erscheinung. Warm und herzlich wurden wir begrüßt, ganz ungezwungen. Er führte uns in der Wohnung herum und wir bestaunten das ungewöhnliche Sammelsurium an Edelsteinen, Riesenkristallen, pyramidenartigen Konstruktionen, Empfängern, Wunschtürmen, Lichtern, Lasern und anderen „abgefahrenen Gegenständen". Geduldig erklärte er uns einiges und ging nachsichtig auf unsere neugierigen Fragen ein. Wir hätten noch Stunden dort verbringen können. Die Atmosphäre dort berührte mich sehr und schien mich daran zu erinnern, wer oder was ich wirklich bin. Ein göttliches Wesen, gekommen mit einer Bestimmung, das hier zur Entfaltung kommen soll. Sämtliche Gedanken des Mangels, der Sorgen und Ängste hatten hier keinen Bestand. Das ewige Jagen nach irgendetwas schien plötzlich so unwichtig und nebensächlich. Das tat so gut und ich versuchte das Gefühl tief zu verankern. Ich fragte Dr. Fred nach diesem Effekt und er sagte, ja das sei normal. Die Energie in seinem Haus sei sehr hoch, seine

Gegenstände produzieren sehr starke Energie und außerdem empfange er auch welche aus dem All. Es wird durch viele Faktoren unterstützt, unter anderem auch durch die Musik, die gerade läuft. Die hat er selbst entwickelt und komponiert mit plejadischer Unterstützung. Die Geräusche wirken besonders harmonisch und beruhigend auf uns und erinnern uns sozusagen an eine Art Urzustand. Wie bereits erwähnt, wurde ein Buch über ihn geschrieben und über die außergewöhnlichen Erlebnisse, die er mit Außerirdischen hatte, insbesondere mit Semijase, einer Frau von den Plejaden! Von ihr hat er auch die Vorlage für den Rezeptor erhalten, aus dem er ein Gerät bzw. Anhänger konstruieren sollte, dass die Gesundheit der Menschen unterstützt und sie stärkt.

Gerne wäre ich noch länger da geblieben aber das geplante gemeinsame Abendessen sollte den Abschluss für diesen Tag bilden. Wir hatten zusammen einen sehr vergnügten und leichten Abend. Dr. Fred ist ein wunderbarer Gastgeber und unterhielt uns mit spannenden und interessanten Geschichten aus seinem Leben. Und davon gibt es reichlich. Er amüsierte sich mit uns auch prächtig und hatte Spaß mit „Haralds Guys". „You crazy chicks"! nannte er uns mehrfach.
Georgia erzählte beim Frühstück, sie hätte das Gefühl, es wäre auch hier wieder ein Erdbeben da gewesen. Ja, uns wäre das auch aufgefallen. Eigenartig. Ich dachte noch, es wäre eine Einbildung. Auf jeden Fall wollten wir Dr. Bell dazu befragen, vielleicht wüsste der mehr. Wir würden ihn ja ohnehin später treffen, denn wir

wollten unbedingt noch seinen Laden anschauen und dort ein wenig „shoppen". Und das lohnt sich wirklich! Es gibt dort wundervolle Rezeptoren, eines der Herzstücke seines umfangreichen Angebotes. Gerne wird er scherzhaft auch als Satellitenschüssel bezeichnet, denn er sieht ein bisschen so aus. Es gibt sie in verschiedenen Ausführungen, aus Silber, Gold oder Platin, in der Mitte mit einem Stein versehen. Auch wenn diese wie wunderschöne Schmuckstücke aussehen, handelt es sich hierbei um eine höchst wirksame Entwicklung, inspiriert durch plejadische Technologie. Der Rezeptor soll stabilisieren, harmonisieren und energetisieren.

Der ganze Laden war voll mit außergewöhnlichen Dingen. Nach dem Besuch waren wir um einige Dollars leichter, aber auch um Einiges reicher. Z.B. habe ich mir gleich die CDs mit der wunderbaren Musik besorgt, ein paar Kristalle und einen Laser. Denn den, so habe ich es verstanden, brauche man um die Kristalle zu aktivieren. Jetzt war ich bestens versorgt mit Energiespendern und dann wollten wir ja unbedingt noch diese legendäre Heilsitzung erleben, bei der man angeblich Engelwesen sehen konnte. Den Termin hatten wir für den Abend vereinbart. Doch wir trafen schon früher bei ihm ein, denn er hatte uns versprochen, noch einige Fragen zu beantworten. Und davon gibt es ja reichlich. Zum einen waren wir total neugierig, andererseits wollten wir ihm auch nicht Löcher in den Bauch fragen, sondern beschlossen abzuwarten, was er von selbst zu erzählen hatte. Eine Frage musste Georgia dennoch loswerden, die nach dem Erdbeben. Ob er mehr darüber wüsste. Ja, klar! Wir wären jetzt so sensibilisiert, dass wir die Erschütterungen mitbekämen, die Raumschiffe verursachen, wenn sie über uns hinweg fliegen. Das fühlt sich an wie Erdbeben. Und hier in der Gegend würden sich eben viele aufhalten.

Er erklärte uns einige Gegenstände und Kristalle im Haus und ließ uns eine „Ionen Dusche" ausprobieren. Dass sei deshalb so gut, weil Stress, Straßenverkehr und elektrische Dinge und dergleichen viele von den sogenannten positiven Ionen erzeugen. Diese Dusche (es kommt aber kein Wasser raus) überschüttet den Körper mit negativen Ionen. Das ist sehr wohltuend und erfrischend. Eine wahre Wohltat, wie ein kühles Bad im Meer. Wenn man einige Zeit am Meer ist, hat man eine ähnliche Wirkung. Auch dort werden viele von diesen Ionen freigesetzt. Dann das Beste, er hat auch mehrere von den „Wunschtürmen". Sie verstärken unter anderem die Gedankenkraft und helfen, die Dinge schneller ins Leben zu ziehen. Also lohnt es sich dort seine Phantasien oder Wünsche, von den Dingen, die man möchte, sich vorzustellen. Allerdings werden wie gesagt alle Gedanken verstärkt, es empfiehlt sich daher nicht über Probleme oder Ärgernisse nachzudenken. Aber das empfiehlt sich ja eh nie, oder?

Er zeigte uns noch ein Bild, von dem er sagte, er habe es zusammen mit Semijase gemalt. Es sah auch sehr speziell aus, auf mich hat es sehr stark gewirkt und je nach Lichteinfall veränderte es sich. Eine Webcam war darauf gerichtet, es kann also über Internet angesehen werden. Dr. Fred hat auch seine eigene Radio-Show, wer noch mehr erfahren möchte.

Dann knipste er seine vielen unterschiedlichen Laser für uns an, zündete reichlich Rauchwerk an, damit der ganze Raum gefüllt ist von Rauch und Laser. Teilweise wurden die Laser mehrfach über Spiegel umgelenkt, was für einen sehr besonderen Effekt sorgte. Die Energie im Raum nahm deutlich spürbar zu, ich wurde sehr schläfrig und hatte Mühe wach zu bleiben. Und tatsächlich, ich konnte Bewegungen im Raum ausmachen und sah deutliche Formen im Nebel. Er meinte, dabei handele es sich wohl um Ektoplasma. Aber insgesamt muss ich auch gestehen, dass ich sehr aufgeregt war und kaum meinen Gedankenfluss beruhigen konnte, so dass weitere offensichtliche Erfahrungen aus blieben.

Eigentlich wollten wir am nächsten Tag nach Hause fliegen zusammen mit Wera und Georgia, aber weit gefehlt. Die Reise war noch nicht zu Ende, das spürten wir genau. So folgten wir dem Ruf des Herzens und blieben einfach länger in Laguna Beach und verschoben den Flug. Super, dann konnte ich ja zum Byron Katie Workshop. Sabine wollte auch mit und Pia blieb lieber da. Dr. Fred Bell half uns in einem Hotel unterzukommen und so nahmen wir aus Kostengründen ein Zimmer zu dritt. Allein schon deshalb, weil wir nicht wussten, wie lange wir noch bleiben würden und was noch alles auf uns zu kommen würde. Die Kreditkarten waren bei uns schon reichlich überstrapaziert, aber nach einigen Telefonaten mit der jeweiligen Bank, ging es irgendwie. Ich freute mich auf den Ausflug nach LA zu dem Workshop und wir beschlossen vorher noch gemütlich Kaffee zu trinken. Gemütlich sollte es dann nicht werden, denn es fanden bei uns starke Prozesse statt, mit unterschiedlichen Auswirkungen. Pia wollte einen gemütlichen Tag am Strand verbringen, um alles zu verarbeiten und plötzlich wollte Sabine auch nicht mehr mit. Da rebellierte meine Geschichte heftig und ich hatte das Gefühl, die zwei tun sich zusammen und ich bleibe außen vor. Ich redete mir einiges ein und meine Gedanken fuhren Karussell. Es brach so stark wie eine Welle über mich ein, dass ich aus lauter Ärger die Autotüren zuknallte, mich nicht verabschiedete und mit quietschenden Reifen davon fuhr. So hatten wir auch keinen Treffpunkt vereinbart. Ich wusste nicht, wie lange ich das Auto noch mieten sollte. Das Zimmer konnten wir auch nicht länger behalten, denn am Wochenende ist Laguna Beach total ausgebucht und unser Zimmer war schon vorreserviert. Meine Nerven! Abenteuer pur!

Was soll ich sagen? Der Workshop war der Hammer, und es tat gut, endlich mal wieder eine Nacht alleine zu verbringen. Aber nach dem Vorfall mit Pia und Sabine fühlte ich mich sehr unwohl und es wollte mir nicht gelingen, mich nicht verwickeln zu lassen, geschweige denn in eine andere Stimmung zu kommen. Das

Thema dieser Veranstaltung war sinnigerweise „Lieben was ist!" Ich wollte es, ich bemühte mich sehr. Das ist was ich wollte, ich wollte Sabine und Pia verstehen und ich wusste, dass ich in Erwartungshaltungen und Haben wollen feststeckte. Meine Stimmung machte ich abhängig von den beiden und weiterhin tobte ein Teil in mir, hatte Selbstmitleid, schrie und stampfte innerlich. Ein schrecklicher Kampf.
In diesen Dramen fuhr ich wieder zurück und wusste nicht wohin. Ich fand sie nicht und wusste nicht, wo ich suchen könnte. Die Telefonnummer von Dr. Fred hatte Pia. Zu dumm. Es blieb nichts anderes übrig als ihn direkt zu Hause zu besuchen. Vielleicht wüsste er mehr über den Verbleib der Mädels.
Überrascht, aber herzlich wurde ich empfangen und er schüttelte den Kopf: „You girls are so crazy!" What are you doing? „Damn". Er nahm sich die Zeit um mir zu helfen, ein neues Hotel zu finden, mir einen Stadtplan auszudrucken, telefonierte rum, half wo er konnte. Und ich dachte für mich: „Tina, bist du noch zu retten?" „Du behelligst hier einen mehrfachen Nobelpreisträger, berühmten NASA-Wissenschaftler, Weltraumforscher mit deinem Kinderkram und überhaupt: er ist ein viel beschäftigter wichtiger Mann? Meeeeeeiiiiiiiiiiiiine Neeeeervn. Und er war so süß und half weiter. Meine Problemgedanken blieben aber nicht aus, sie kreisten ständig um das aktuelle Problem und wie sehr ich mich als Opfer fühlte. *Ich habe es gleich gewusst, zu dritt gibt es immer Ärger, ich wollte eigentlich weiter Urlaub mit Sabine machen, was mischt sich Pia da ein und überhaupt und sowieso. Bestimmt tun sie sich jetzt*

zusammen und so weiter, kreisten die Gedanken in meinem Kopf. In dem Moment blickte ich nach rechts und oh Schreck! Neben mir stand der Wunschturm, oh je! Der, der alle Phantasien und Gedanken verstärkt und zur Manifestation bringt. Das kann heiter werden.
Und das wurde es auch. So heiter, dass selbst ich nicht mehr lachen konnte.
Ich steigerte mich immer weiter rein und wehrte mich trotzdem gleichermaßen heftig dagegen. *„Lieben was ist! Ja wie denn?"* dachte ich bei mir!
Während ich im Auto fuhr, fing ich an zu schreien: *„Ich will Liebe leben und die beiden verstehen. Ich will mich diesen negativen Gedanken nicht hingeben. Neeeeein. Ich bitte um Hilfe!"* Kaum war ich um die Ecke gebogen, sah ich die beiden! Unglaublich.
Wir beschlossen noch in eine Bar zu gehen und Dr. Fred und Mikelle zu treffen. Stimmung wollte nicht so recht aufkommen. Kein Wunder.
Um es kurz zu machen, insgesamt war ich noch zwei Wochen in Amerika zusammen mit den beiden anderen. Wir machten alle noch mal eine Reise in die persönliche Geschichte und jede hatte so ihre persönlichen Knöpfe, die wir erfolgreich gegenseitig drückten. Man muss uns dennoch zu Gute halten, jede gab ihr Bestes, konstruktiv damit umzugehen und daraus zu lernen oder es zu verändern. Ich wusste plötzlich, das ist meine große Chance aus dem Dreier Drama für immer rauszukommen. Das war schon immer eines meiner größten Herausforderungen, quasi von Anfang an. Und eines wusste ich, wenn ich weiterhin diese Gedanken pflege, würde es nie aus

meinen Leben verschwinden. Dazu gibt es einen Satz von Harald II, sozusagen einen DER Aussagen schlechthin. Ein heiliger Satz: *„Wer über das spricht oder sich über das Gedanken macht, was er los sein möchte, wird es niemals los!"*

Obwohl jeder lieber für sich gewesen wäre, teilten wir nach wie vor ein Zimmer – um unsere Finanzen nicht noch mehr zu strapazieren. Ich versuchte mir so gut es ging, den nötigen Raum anderweitig zu verschaffen. Ich entdeckte auf dem Hotelareal einen heißen Whirlpool. Den hatte ich immer für mich und dort verbrachte ich viel Zeit. Mal hörte ich Harald Seminare an, mal dachte ich an Andreas, fühlte seine Zärtlichkeit und dann nur Zärtlichkeit ohne dabei an Andreas zu denken. Ganz intensiv überlegte ich mir, was ich stattdessen erleben wollte, was Freundschaft für mich ist, was ich gut an mir finde, wo es mir egal ist, was jemand über mich denkt. Ich versuchte so gut wie möglich zu reflektieren und auch genau zu prüfen, ob eine Anschuldigung berechtigt war, weil ich mich tatsächlich so blöd aufführte oder ob mir etwas egal war und ich innerlich grinsen konnte. Von Fall zu Fall entschied ich aufs Neue, rief mich innerlich immer in Gedanken, dass das jetzt das ultimative Trainingslager war. Um der Gerechtigkeit willen muss ich auch sagen, dazwischen hatten wir eine sehr schöne Zeit und wussten, dass wir im gleichen Boot saßen. Das verband uns. Zum Glück haben wir alle drei eine ausgesprochene Vorliebe für Cappuccinis, schöne

Plätze und stundenlanges Kartenlegen mit gemeinsamem Phantasieren.

Und dann gab es ja noch ein ganz besonderes Abenteuer. Am Wochenende mussten wir wieder aus dem Hotel und das Spiel begann von vorne. Ganz Laguna Beach ausgebucht. Gut, dann schauen wir etwas außerhalb, lautete der Plan. Doch nichts. Weit und breit kein freies Zimmer. Auf der Karte sahen wir, dass Palm Springs gar nicht so weit weg war und die Aussicht auf heiße Thermen gefiel uns allen dreien. Aber der Ort gefiel uns nicht, so blieben wir nur eine Nacht. Nach einem kurzen Blick in die Karte dachten wir Joshua Tree Park – Prima, ein Naturpark. Natur und viel Grün würde uns gut tun. Hahaha. Es ist ein Wüstenort, bekannt für seine vielen ungewöhnlichen Steine und Joshua Tree ist eine Art Kakteenpflanze. Eine Steinwüste, die schon an Mexico angrenzt.
Wir meldeten uns bei Dr. Fred, wie verabredet, denn er sorgte sich um uns und wusste, dass wir momentan „trouble chicks" sind. Joshua Tree? Crazy! Meinte er. Wir sollen unbedingt die Zeitmaschine ansehen und den Gigant Rock!
Zeitmaschine? Und wie finden wir die? Geht zur Tourist-Info, lautete seine lapidare Antwort und schon hatte er aufgelegt. Tatsächlich, wir bekamen nähere Informationen und sogar einen Lageplan von der Zeitmaschine, besser bekannt unter der Bezeichnung Integratron. Aber bevor wir uns näher damit beschäftigten, wollten wir uns erst mal erholen. In Josuha Tree fanden wir ein tolles Hotel, jede bekam ein

Zimmer für sich und endlich versprach es, erholsamer zu werden. Das Essen war hervorragend. So beschlossen wir noch zwei Tage länger zu bleiben und alles in Ruhe zu besichtigen.

Auf zur Zeitmaschine! lautete der Plan für den Tag. Ich war so fertig und spürte genau, laut meiner Intuition bleibe ich lieber da und lese und faulenzte. Eines hatte ich gelernt in diesem Urlaub, keine Angst mehr zu haben, etwas zu verpassen und alles kommt gut. Also ließ ich voll Vertrauen los, hatte eine wunderschöne Zeit. Meine Phantasien begannen langsam, aber sicher Wirkung zu zeigen, denn ich nahm alles nicht mehr so ernst und vor allem so persönlich.

Zu Recht. Ich klopfte mir innerlich auf die Schulter – denn am nächsten Morgen traf ich die beiden beim Frühstück und die berichteten mir, dass die Zeitmaschine geschlossen war und nur Besucher mit Terminen empfing. Den hatten die beiden für uns alle drei für den heutigen Tag vereinbart. Mann, war ich froh und total gerührt, wie fürsorglich und liebevoll die beiden auch an mich dachten und einschlossen. Vielen Dank. Anscheinend waren jetzt meine „Mobbing-Phantasien" schon ein wenig abgemildert.

Wir waren mehr als gespannt, was uns erwarten würde. Vorab eine kurze Beschreibung des Integratrons, frei übersetzt aus dem Internet.

Das Integratron

Der Wissenschaftler George van Tessel entwickelte diese Zeitmaschine in den späten 50ern bis zu den 80ern. Seine Intention war, ein Gerät zu bauen, das die Schwerkraft und die Zeit aufhob und somit auch verjüngen sollte. Seine Theorie der Verjüngung basierte darauf, die Zellen mittels eines riesigen negativen Ionen Feldes aufzuladen. Täglich meditierte er mehrere Stunden in Räumen, die sich unter einem gigantischen Felsen befanden, unweit des Integratrons. In diesen Meditationen nahm er Kontakt zu Außerirdischen auf, so behauptete er, mit deren Hilfe und Inspiration er den Bau vornahm. Über 25 Jahre arbeitete er daran und konnte aber seinen Traum nie verwirklichen, da er sehr plötzlich und unerwartet verstarb.

Seither kommen viele Wissenschaftler aus der ganzen Welt an diesen Ort und studieren dieses ungewöhnliche Gebäude. Es weist wohl starke erdmagnetische und geologische Kräfte auf. Einer beschrieb es so: „Allein das Gebäude, wie es da steht, ist eine riesige Massenbatterie" Laut van Tessel fließen starke geomagnetische Kräfte durch das Integratron. Die Form und das Aussehen des Integratrons, die harmonische oder „geheiligte" Geometrie, fokussieren diese Energie und schaffen somit einen besonderen Raum. Tausende von Menschen beschreiben sie, als Energie die weit über dem normalen wahrnehmbaren Spektrum liegt. Besucher, die Zeit im Inneren verbringen, fühlen und erfahren diese Energie als bewegend, belebend, heilend und entspannend für ihre angespannten Nerven und müden Gemüter.

Mittlerweile ist das Integratron in privatem Besitz, zwei Schwestern kümmern sich liebevoll um dessen Erhalt. Man kann es für private Veranstaltungen mieten, für Heilzwecke, aber auch für musikalische Projekte. Denn aufgrund der besonderen Bauart und Form herrschen dort einzigartige und besondere Klangverhältnisse. So mancher berühmter Komponist hat sich dort wohl für mehrere Tage „verbarrikadiert", verrieten uns die Schwestern (ohne Namen zu nennen). Oder man kommt in den Genuss eines Sound Baths, eines Klangbades, so wie wir. Das Klangbad ist eine 30-minütige Heilsitzung, der man sich hingeben kann, während man auf sehr bequemen Matten und Kissen liegt im Inneren der stark resonanten- und vielschwingenden Klangkammer des Integratrons. Sie spielen 9 Kristall-Klangschalen, jede ist auf ein bestimmtes Chakra abgestimmt. Stellen Sie sich einfach vor, wie Sie bequem daliegen im Zentrum dieses entspannenden, hoch energetischen Resonanzfeldes, während Ihr Körper für 30 Minuten in exquisiten Klängen badet! Das Ergebnis sind Wellen von Frieden, erweiterten Bewusstseins sowie Entspannung von Körper und Geist. Es war gigantisch!

Natürlich fuhren wir auch zum Giant Rock, der sich ja gleich in der Nähe befindet. Dort, so hat uns Dr. Fred erzählt, hatte er den ersten Kontakt zu Außerirdischen.

Gott sei Dank waren wir nach dem Klangbad total entspannt, denn sonst hätten wir uns vor Aufregung vielleicht in die Hosen gemacht.

Giant Rock – der gigantische Felsen. Damals wurde der gigantische Felsen bereits von den Ureinwohnern des Joshua Tree Gebiets verehrt und für heilig erklärt. Sogar so heilig, dass es nur dem höchsten Anführer erlaubt war, sich dem Felsen zu nähern. Alle anderen hatten mindestens eine Meile Abstand zu halten, während das Oberhaupt in der Zwischenzeit mit den „Felsenwesen" kommunizierte. Diese hatten den Tag prophezeit an dem „die Mutter" sich aufspalten würde und somit eine neue Ära einläutete. Viele andere Strömungen hoben ebenfalls dieses Ereignis unserer Geschichte hervor als das Erwachen der göttlichen Weiblichkeit. Jetzt, wo der Felsen splitterte, glauben viele Menschen, dass die Prophezeiung erfüllt wurde. (Bericht aus dem Internet – frei übersetzt)

Langsam begann es zu dämmern, was die mystische Atmosphäre nur noch verstärkte. Wir pendelten zwischen Neugier, echtem Wunsch nach Kontakt und Angst hin und her. Händchenhaltend standen wir vor dem Felsen, starrten mit großen Augen in den Sternenhimmel und kommentierten jede winzige Bewegung. „Da habt ihr gesehen?" flüsterte ich, „Es hat sich was bewegt!" Sabine war auch aufgeregt „Mann, das ist ein Flugzeug" ernüchterte uns Pia. „Ach so.... Ja". „Aber jetzt da, da blinkt ein Stern. Der winkt uns" da waren wir uns alle drei einig. „Tatsächlich, oder doch nicht?" „Hm?" So ging es die ganze Zeit. Dann plötzlich zuckten wir alle drei zusammen und starrten fassungslos und gebannt auf die Hügelkette vor uns. Da! Eindeutig! Lichter bewegten sich auf uns zu von den Hügeln her kommend. „Das sind ganz sicher keine Flugzeuge!" meinte Pia „Oh mein Gott, oh mein Gott". Ich konnte mich nicht beruhigen. „Ssssssch!, machte Sabine, doch wir waren alle total aufgeregt, wir umklammerten unsere Hände so stark, dass die Knöchel schon weiß hervortraten. Ich glaube, uns schlotterten auch die Knie falls es nicht wieder so ein „Ufo-Erdbeben" war. Die Lichter waren schon ganz nah und sie kamen auf uns zu. Beim Näherkommen erkannten wir dann endlich unsere vermeintlichen Ufos. Es war eine Gruppe von „Quad"-Fahrern, die off-road über die Hügel heizten. Schade! Oder Gott sei Dank? Keine Ahnung. Das hatte uns gereicht. Wir beschlossen aber noch die Mentalisation von Thomaz Green Morton im Auto zu machen, das wir vorsichtshalber verriegelten und die Fenster fest verschlossen!

Am nächsten Tag machten wir uns wieder auf den Rückweg nach Laguna und ich fühlte ganz genau, für mich war es nun auch Zeit, nach Hause zu fliegen. Die beiden wollten noch länger bleiben. Schön, war für mich auch, dass ich „zufällig" an dem Tag zeitgleich eine liebe Freundin aus München am LA Flughafen traf, die auf dem Weg nach Hawaii war. Ich fasste diese spontane herzliche Begegnung ebenfalls als

Bestätigung für meine Intuition auf. Zuhause angekommen, spürte ich ganz genau, es ist Zeit, die Wohnung zu kündigen, mich noch mehr dem Unbekannten in den Rachen zu werfen. Ich wollte mich überraschen lassen, was das große Sein mit mir vorhatte. Ob eine neue Wohnung anstand? Ein anderes Land? Eine Wohngemeinschaft? Vielleicht in der Schweiz? Oder doch in die Riege der „Haushaltslosen" wechseln? Keine Ahnung! Nachdem ich aber sogar auf Hawaii und in Amerika erfolgreich mir unbekannten Menschen Beratungen gegeben hatte, wollte ich auf jeden Fall endlich meine beruflichen Ambitionen vorantreiben und meine medialen Beratungen verstärkt anbieten!

-11-
Über Kuba nach Brasilien

Wie kommt's dass ich zum dritten Mal in Brasilien war? Ursprünglich wollte ich Ferien auf Kuba machen und das ist fast schon eine Geschichte für sich. Ich fange jetzt bei der Geschichte vor der Geschichte an zu erzählen. Ich widmete mich also intensiv meinen Beratungen und da ich jetzt endlich mal wieder im Lande war, bat eine Frau ganz dringend um einen Termin. Sie hätte den Impuls bekommen, sich an mich zu wenden. Woher sie den Impuls bekomme habe, fragte ich interessiert nach. Darauf antwortete sie, wenn sie nicht weiter weiß, bittet sie immer ihre Engel um Unterstützung und dann bekäme sie immer Ideen in Form von Bildern übermittelt. Dieses Mal bekam sie das Bild eines ausgelassenen glücklichen Schweinchens und einem Telefon. Ähh? Ja? Da war ihr sofort klar, dass sie mich anrufen sollte. Aha. Ich hatte jetzt die Wahl, ob ich mich ein wenig auf den Schlips getreten fühlen sollte, weil ihr der Rückschluss von Schwein auf mich so logisch vorkam – gut ok – aber ich musste so lachen und außerdem gefiel es mir sozusagen saugut. Tolle Idee. Ein lachendes Schwein konnte nur ein Glücksschwein sein! Je mehr ich darüber nachdachte, desto besser gefiel mir die Vorstellung und daraufhin reservierte ich mir sofort eine Internetseite mit der Idee, da ich bereits viele Ideen umgesetzt habe, die mir Lebensqualität, Freude und Liebe ins mein Leben gebracht haben und daran gern auch andere Menschen teilhaben zu lassen in Form von Beratungen, Seminaren und Workshops. Jeder ist seines Glückes Schmied und kann somit auch ein Glücksschwein sein! Daran glaube ich persönlich sehr. Gut, zu dieser Homepage wollte ich nun auch ein passendes Bild haben und bestellte innerlich einen geeigneten Fotografen. Ich machte wieder meine Intuitionsübungen mit Hilfe der Harald CD die sinnigerweise „Intuition" heißt und prima funktioniert, wie ich finde, und bekam den Impuls mit einem Bekannten, von dem ich wusste, dass er am nächsten Wochenende in die Schweiz fährt, mitzufahren. Dann fand ich raus, dass zur gleichen Zeit in der Schweiz ein Kurzseminar von Harald stattfand, tolle Gelegenheit, das wollte ich auch mitnehmen. Der Bekannte nahm mich gerne mit und meinte, ich könne ja mitkommen, er wollte noch einen Tag bei seinem Freund verbringen, der Fotograf ist. Uiiiii! Klappt ja wieder mal alles wie am Schnürchen, was soll ich sagen, es war ein tolles Wochenende, den Fotografen fand ich sympathisch.

Das Wetter spielte nur nicht mit, leider kann man jetzt nicht sagen, denn irgendwie aus dem Nichts kam die Idee auf, dann fliegen wir halt nach Kuba und machen die Fotos. Ich wollte eh Sylvester am Strand verbringen, das passte prima und für ihn war das wohl auch eine tolle Abwechslung. Also ehe wir uns versahen, hatten wir schon Flugtickets gekauft und für eine Woche schon mal ein Hotel reserviert, geplant waren insgesamt drei Wochen. Den Rest wollten wir dort unten spontan entscheiden. „Desch wird sichrr voll suprrr si, im Fall. Wir machet uns des scho schö, odrrr? O-ton David. Wir kommen also auf Kuba an, wollen unser Zimmer beziehen, reserviert hatten wir Meerblick, dachten wir jedenfalls, das Hotel dachte anders oder besser gar nicht, denn es hatte uns vergessen. So gab man uns ein Zimmer, das noch frei war, sehr einfach und abgelegen. Früher wären wir entrüstet, enttäuscht, verärgert gewesen, hätten Krach geschlagen und vielleicht den Manager her zitiert. Doch jetzt - - weit gefehlt – nichts von alldem. Hehe, jetzt kann ich mal wieder angeben, in dieser Situation, ist es mir gelungen locker zu bleiben und das war ein tolles Erfolgserlebnis.

Wir nahmen dann auch die Tatsache als sehr günstig hin, denn wenn es uns hier nicht gefiele, könnten wir ja schon früher das Hotel verlassen – das sich noch dazu als All inklusive Club herausstellte, wie ich im ersten Moment dachte, eh nicht so zu mir als Individualistin passen würde.

Zuallererst wollten wir uns aber mal ausruhen und dann nach ein paar Tagen entscheiden. David und ich stimmten ursprünglich überein, dass wir den Ort früher verlassen wollen, um dann die Insel auf eigene Faust zu erkunden. Zunehmend wurde mir aber insgeheim klar, je näher ich David kennen lernte, wozu vor der Reise keine Zeit bestand, bewusst, dass er mich als Person überhaut nicht interessierte, seine Meinung nicht, wie er denkt, geschweige denn fühlt. Ich wollte mich damit überhaupt nicht auseinander setzen. Eher im Gegenteil. Ich versuchte herauszufinden, was mich in die Situation gebracht hatte, um sie passend umzugestalten. Schnell fiel mir auf, erstens hatte ich nur an mich gedacht, mein Spaß, mein Urlaub, der „Typ" hatte Sinn gezeigt für Humor und Leichtigkeit und das wollte ich, außerdem war es mir ganz Recht nicht wieder alleine zu reisen. Typisch, genau wie Harald gesagt hatte, meistens checken wir Menschen danach ab, was sie uns geben oder für uns tun können, ob sie uns nützlich sind oder nicht. Total egoistisch. Mein Galgenhumor brach wieder mit mir durch und ich musste einfach lachen, über mich, über die Situation, über alles. Tyyyyypisch. „Meeeeine Neeerrrrven!" Ob ich mich jetzt schlecht David gegenüber fühlte – Naja, ein bisschen schon! Ich fand, ich hatte mich schon ein wenig wie ein egoistisches Schwein benommen, von wegen Glücksschwein! Andererseits hatte David sicher auch seine Beteiligung daran. Nicht, dass es das besser macht, aber ich freute ich mich auch darüber, dass ich mir dessen bewusst geworden bin, denn ich will ja weg vom Egoismus hin zum liebevollen Menschen. Ich beschloss, mich in Zukunft bewusster zu verhalten, d.h., bewusster zu überlegen mit welcher Art von Mensch ich Zeit verbringen möchte und was diese Person davon hat mit mir zusammen zu sein, was ich zu geben habe. Darüber hinaus wurde mir ebenfalls bewusst, dass ich hier in der Anlage total abschalten konnte. Keine Entscheidungen mussten hier getroffen werden, keine Überlegungen angestellt. Ich brauchte ja nicht mal Geld mit mir rumtragen oder aus der

Speisekarte was auswählen, denn es gab immer Buffet. Wenn ich es mir also recht überlegte, wollte ich gar nicht mehr umherreisen um des Reisens willen und irgendwelche Sehenswürdigkeiten anglotzen oder den energetischsten Wasserfall oder das ungewöhnlichste Hotel finden. Nein, ich wollte jetzt Club Urlaub und einfach mal nichts tun. Ich beichtete David schonungslos diese dramatischen Erkenntnisse und war schon neugierig, wie er damit wohl umgehen würde. Sehr würdig und relativ gefasst gab er sich. *„Dis isch jetzt scho a lichte a Überraschig gsi, und es tät scho in ihm schaffe, abe schliesslich isch er ja koi Ofprr nöd, gell!. Folglich nemmet er's halt wias isch und machts beschte druuuus. Un ma chönnt au nöd wisse, ob des nöd a suprr chance für ihn si tät, im Fall. Ganz allinig uf sich selbst gschstellt durch ai fremds Land zreise hätt scho was und er merket au dass es für ihn a Herausforderig si tät."* (soll den Schweizer Dialekt wiedergeben – stümperhaft!). Ich war erleichtert und froh, dass er so günstig damit umging. Gerade zu meisterlich. *„Häsch suprr gmacht, David! Bin beidruckt gsi."* UND trotz allem machte er noch tolle Bilder von mir während eines Ausflugs zum Delphinschwimmen, zu dem ich ihn dann noch einlud, als kleines Trostpflaster. So wurde alles wieder gut und jeder war zufrieden mit seiner Wahl. Ich genoss die Tage am Strand sowie am Pool und das süße Nichtstun. Naja ein bisschen was tat ich schon, gebe ich ja zu, ich hörte Harald CDs. Unter anderem einen älteren Vortrag von Harald II über den großen Bruder. Den finde ich so lohnend, dass ich ihn auch gerne weiter geben möchte:

"Seid gegrüßt, liebste Freunde, in dieser außergewöhnlichen Runde! Das menschliche Bewusstsein ist völlig frei, ein fließendes Meer, das niemals eine eindeutige Ausrichtung und in seinem Wesen durchaus multidimensional ist, was allerdings die meisten Menschen vergessen haben. Multidimensional muss das menschliche Bewusstsein sein, um überhaupt überlebensfähig zu sein in einer Wirklichkeit wie dieser. Diese Wirklichkeit müsst ihr Euch vorstellen als eine Wirklichkeit, die Energie auffrisst und vernichtet. Ein Mensch, der ausschließlich in dieser Wirklichkeit leben würde, würde hier nicht lange bestehen. Aber dadurch, dass das menschliche Bewusstsein tatsächlich hineinreicht in verschiedene Dimensionen, die durchaus nicht alle so physisch sind, wie diese Wirklichkeit, ist diese Verbindung, die Ihr habt, nicht nur eine Quelle von Information und Inspiration, sondern tatsächlich von Energie, die ein Mensch so sehr dringend braucht, um überhaupt in dieser Wirklichkeit überleben zu können. In jeder Nacht, in der Ihr schlafen geht, geht Ihr schlafen, um in diesen Energieraum wieder einzutreten, um Euch aufzutanken und wer dies nicht kann, geht hier energetisch zu Grunde. Und auf der anderen Seite ist das Auftanken in der Nacht auch ein Auftanken von Information und Perspektiven, die weiter gefasst sind, als die, zu denen das geschichtliche Ich in der Lage ist. Sich zu erinnern, dass der Mensch ein multidimensionales Wesen ist, ist gleichbedeutend, mit einer Erinnerung an seine große Freiheit, seine Überlegenheit gegenüber der Begrenzung der Materie.

Viele Menschen wenn ihr euch umschaut, nehmen dieses Leben sehr ernst. Sie glauben, sie sind eingespannt in einen zwingenden Ablauf von Situationen, in einen zwingenden Austausch mit Menschen aber auch mit einem zwingenden Austausch von Dingen. Vom Essen angefangen über das Trinken über Aktionen, die man einfach tut, weil man glaubt, sie wären notwendig. Tatsächlich ist es so, dass überhaupt keine Aktion in dieser Wirklichkeit notwendig ist, außer diejenige, den Kontakt zu seinem größeren Sein, zu seinem multidimensionalen Aspekt seines selbst zu suchen. Denn reine Lebensenergie kommt ausschließlich von da her. Und je mehr diese Verbindung aufgebaut ist, desto weniger bedeutsam ist es, was man hier tut. Die meisten Menschen machen das Gegenteil, sie stürzen sich in hemmungslose Aktivität und bauen Ängste auf, das Falsche zu tun. Aber diese Angst, das Falsche zu tun und das intensive Hineinstürzen in äußere Aktivität führt dazu, dass der Kontakt zu dem multidimensionalen Sein abbricht und der Mensch tatsächlich verloren geht. Die einzige Angst, die Menschen immer wieder begleitet und einholt, ist die Angst, abgeschnitten zu sein, einsam zu sein, aber nicht von Menschen, Dingen, Situationen, sondern vom ihrem eigentlichem Urgrund, von diesem großen Wesen, das in vielen Dimensionen gleichzeitig lebt, und das ist das Dilemma, an dem Menschen leiden. Es ist eine Verschiebung der Wahrnehmung hin in die Bedeutungslosigkeit, weg von dem eigentlichen Wesentlichen von ihnen selbst, ihrem großen Bruder oder dem großen Sein. Alle Suche nach Liebe, alle

Suche nach Freude, Intensität und Bestätigung im Außen, ist nichts anderes, als ein mäßiger Versuch, diesen Verlust der Nähe zu ihrem großen Bruder auszugleichen. Dagegen wäre der direkte und sehr viel effektivere Weg der Kontaktaufnahme wieder zurück zum eigenen großen Bruder, der in vielen Dimensionen lebt, viel geschickter. ....Dieses Seminar....soll Euch helfen, wieder dran erinnern, dass Ihr in diesem Leben nicht alleine seid, dass Euer großer Bruder in anderen Dimensionen lebt, bei Euch ist die ganze Zeit an Eurer Seite steht und eigentlich nur darauf wartet, dass Ihr Euch wieder erinnert an ihn und ihn einladet an diesem Leben teilzunehmen. Ihr seid niemals alleine. Die Ebene II von Euch ist nicht der große Bruder von dem wir sprechen, der große Bruder ist ein Aspekt der Ebene II. Der große Bruder ist der Teil Eures Bewusstseins, der nicht verbogen worden ist, von Eurer persönlichen Geschichte, es ist der Teil, der in der Traumwelt Kontakt hat zu den göttlichen Schöpfungsprozessen in eigentlicher Form, der den Schöpfungsakt nie vergessen hat und auch niemals der Illusion unterlegen ist, abgeschnitten zu sein vom großen Urgrund und Opfer zu sein, von den Umständen die sich scheinbar ziellos um ihn herum ergeben. Um es auf den Punkt zu bringen, liebste Freunde in dieser außerordentlichen Runde, die Suche nach Eurem großen Bruder und entsprechend die Suche dann nach Eurer größeren Dimension II, ist die Suche nach Gott. Weil das göttliche Prinzip in Euch ist lebendig, zwar auch hier in dieser Welt, wenn Ihr abgeschnitten seid und ängstlich Ihr Euch als Opfer fühlt. Aber viel lebendiger in Eurem großen Bruder, der frei durch die Dimension wandert und Euch versorgt mit Inspiration und Energie, die Euch überhaupt am Leben erhält, und um so mehr präsent in Eurer Stufe II. Die Suche nach Gott ist zwar sehr geläufig unter den Menschen und gerade geschichtlich betrachtet immer wieder in großen Wellen gekommen. Nur ist es so, die Suche nach Gott wurde verstanden als die Suche nach irgendeiner Instanz, die Euch die Sorgen abnehmen kann, die Euch Gesundheit wieder gibt, aber mit der ihr sonst nichts zu tun habt. Und das ist auch der Grund, warum diese Suche immer wieder relativ erfolglos abgebrochen wurde. Egal in welchem religiösen System das geschah. Die Suche nach Gott ist nicht die Suche nach einer äußeren Hilfsquelle, die sich um Euch kümmert, sondern tatsächlich ist es die Suche nach der ewigen Instanz in Euch, die Euch am Leben erhält, die Euch trägt und für die Ihr unterwegs seid, um Erfahrungen zu sammeln. Natürlich auch für Euch selbst, aber im Großen und Ganzen auch für die Ganzheit. Sucht Ihr nach Eurem großen Bruder und nach Eurer Ebene II, dann sucht Ihr nach Gott. Und das ist wichtig zu verstehen. Mediale Übungen, die Euch helfen, Abstand zu nehmen, von Eurem geschichtlichen Ich, sind kein spiritueller Luxus, einigen esoterischen Spinnern vorbehalten, im Gegenteil, es ist das einzig Wesentliche, was der Mensch überhaupt tun sollte. Weil er damit in Kontakt kommt, mit seinem göttlichen Urgrund und damit zur Kraft, die alles lenkt. Ist Euch schon mal aufgefallen, wie viele Menschen sich verloren fühlen? Weil sie den

Kontakt nicht mehr spüren, zu ihrem großen Bruder? Sie stampfen einsam durch die Welt, sehen überall eine Bedrohung, unterliegen einem feindlichen Universum, das ihnen ständig etwas wegzunehmen versucht, ob es die Gesundheit ist, ob es Geld ist, ob es Freunde sind oder gar den Partner, der sie betrügt? Diese Ängste, kommen nur aus dem einzigen Grunde, weil sie kein Vertrauen mehr haben in den großen Bruder und in das große Sein, das sich kümmert. Vertraut uns, liebste Freunde, Ihr seid niemals allein. Allein zu sein, verloren zu sein, Opfer zu sein, verloren zu sein in dieser Welt, seine Gesundheit verloren zu haben oder sein Geld ist eine Illusion, die nur in dem kleinen geprägten geschichtlichen Ich vorhanden ist aber die bequem und jederzeit ausgeglichen werden kann, in Kontakt mit dem großen Bruder, der Teil in Euch der durch die anderen Dimensionen streift und eben Kontakt hat zu unbegrenzter göttlicher Schöpfungsenergie und vor allem zu Information.

Euch muss klar werden, dass die Suche nach dem großen Bruder, der einzige Schritt ist, der wirklich wesentlich verschaffen kann in diesem Leben. Geld ist nicht wesentlich auch nicht Gesundheit, um ihrer selbst willen, auch nicht Liebe die ihr nur sucht als Ersatz zur verlorenen Liebe zu eurem großen Bruder. Wenn ihr dieses Seminar versucht zu verinnerlichen, ...als echte seriöse Suche nach Eurem großen Bruder, dem großen Selbst in Euch, wird Euch das gelingen. ...und dass ihr diesen Kontakt herstellen könnt, alleine durch den intensiven Wunsch. Nur ist es so, wenn ihr Menschen betrachtet einschließlich Euch selbst, dann werdet Ihr erkennen, wie kleingeistig man oft die Welt betrachtet, wie sehr man oft irgendwelche Sorgen überbewertet z.B. Wovon lebe ich nächstes Jahr, soll ich tatsächlich umziehen oder führt mich dieser Umzug ins Verderben, soll ich dieses Auto kaufen oder jenes. Ist es tatsächlich schädlich, dieses Gericht zu mir zu nehmen, oder soll ich lieber jenes bestellen. Ist vielleicht der Preis für dieses Seminar nicht ein wenig zu hoch? Was wir sagen wollen, liebste Freunde, die meisten Menschen, wenden ihre Aufmerksamkeit Dingen zu, die im Grunde genommen bezogen auf die gesamt Spanne ihres Lebens überhaupt keinen Unterschied machen und haben in der Verwicklung mit Nebensächlichem, keinen Raum mehr den großen Bruder zu suchen. Das muss anders werden! Ihr sollet einmal am Tag, nicht nur jetzt...sonder immer, einmal am Tag eine Phase einlegen, wo ihr ein Gespräch beginnt, mit dem großen Bruder. Dieses Gespräch mag am Anfang natürlich sehr einseitig sein, indem Ihr der Einzige seid, der redet. Tatsächlich ist der große Bruder aber da und er hört Euch, bevor Ihr überhaupt etwas gesagt habt. Er weiß sogar was Ihr denkt und fühlt, aber was ihm auch völlig klar ist, wie schwierig Ihr es habt, das was er an Impulsen überhaupt in Euch hineingeben kann wahrzunehmen, weil Ihr so verwickelt seid. Also sorgt einmal am Tag für ein nicht verwickelt sein, wo Ihr Euch entscheidet, ich werde mir in dieser Zeit nicht eine einzige Sorge machen, an nichts denken, was mich normalerweise beschäftigt weder an Freunde, Verwandte, Partner, Geld, Wohnung, Auto, nichts von all dem. Ich werde in dieser Zeit einfach nur sitzen, geistlos vor mich hin starren, und darauf warten, dass sich in irgendeiner Form mein Bruder, mein großes Selbst in anderen Dimensionen, äußert. Diese Äußerung mag am Anfang zaghaft sein, und kann auf viele Weise kommen, wie wir gleich sagen werden. Aber sie wird nicht einfach nur eine Äußerung bleiben, sondern dieser große Bruder, wenn er spürt, Ihr seid offen für seine Impulse, wird Euch mitnehmen durch diese anderen Dimensionen. Zunächst während der Nacht, später auch am Tage. Diese Reisen, die geistigen Reisen durch andere Dimensionen, werdet Ihr am Anfang nicht erinnern, Ihr werdet nur spüren, irgendwas war sehr besonders in der Nacht. Vielleicht seid Ihr tagsüber auch einfach nur abwesend, kommt zurück und wisst nicht, wo Ihr wart. Das ist aber nicht wichtig. Denn ob Ihr Euch erinnert oder nicht, hängt von der Fähigkeit ab, Euer geschichtliches Ich mundtot zu machen. Aber nicht davon, dass Ihr tatsächlich etwas erfahren habt. Denn Ihr habt etwas erfahren. .....später...werdet Ihr feststellen, dass sich drastisch etwas ändert. Erstens werdet Ihr gesünder werden, wie nebenbei, zweitens, werden äußere Probleme sich langsam auflösen, drittens wird sich Euer gesamtes Leben umstülpen, neue Leute werden kommen, alte werden gehen. Tätigkeiten werden sich verändern, Eure Sinnesorgane werden sich verändern, die Art der Wahrnehmung wird neue Wege gehen. ..aber dieser Prozess wird nicht plötzlich sein, er beginnt damit, dass Ihr jeden Tag und wenn wir sagen jeden Tag, meinen wir das wörtlich, eine Zeit verwendet, indem Ihr diesen großen Bruder zum Kontakt einladet. Diese

Einladung sollte zwei Motivationen haben, die eine Motivation sollte sein, Kontakt um des Kontaktes willen, um Euch wieder zu erinnern, was ihr wirklich seid und zum zweiten sollte sie getragen werden, mit der Bitte um Führung. Führung durch dieses chaotische Leben, in dem sich die Werte, so verschoben haben. Das Wesentliche sich so verschoben hat..."

Anschließend an diesen Vortrag machten sich viele meiner Seminargefährten auf, den Kontakt herzustellen, in unterschiedlichsten Formen. Eine fand ich so lustig – ich muss heute noch lachen – dass ich sie hier gerne wiedergeben möchte.

Eine Freundin suchte dringend berufliche Veränderung und bat den großen Bruder, ihr dabei behilflich zu sein. Sie wollte einen neuen Job finden, der nicht nur finanzielle Verbesserung bedeutete, sondern auch ihrem Wesen mehr entsprach. Vorsichtshalber fügte sie hinzu, wohl um alle Eventualitäten vorsorglich auszuschließen - „Aber bitte großer Bruder, denk dran, die Anzeige sollte nicht in der Züricher Zeitung stehen, denn die lese ich nie, und auch nicht im Kleingedruckten, denn das lese ich auch nie. Er hatte wohl Verständnis dafür, denn sie fand das Jobangebot auf einem großen Plakat, das an der Bushaltestelle klebte!

Angeregt von dem Vortrag, versuchte ich gleich Raum zu schaffen für meinen großen Bruder und starrte also geistlos vor mich hin. Hier in der Anlage fiel das gar nicht weiter auf ehrlich gesagt. Schon nach kurzer Zeit stellte sich eine völlig veränderte Wahrnehmung von mir und den Dingen ein. Zum ersten Mal in meinem Leben, war mein Geist nicht beschäftigt mit Fragen des Überlebens, wie was kaufe ich ein, was ist zu erledigen, was zu tun, habe ich genug Geld, reicht es, wie was wer wann und so. Manche Fragen dürften Ihnen, lieber Leser, wohl auch nicht unbekannt sein, wie auch die Tatsache, dass solche Gedanken wie Mühlsteine sein können, sie mahlen den ganzen Tag im Kopf umher und kreisen um sich selbst. Die Lieben. Und jetzt plötzlich stellte sich ein Vakuum ein, WOOOW, Affengeil, riesige Erleichterung! So kam es, dass sich meine Wahrnehmung wie von selbst von mir weg hin zu meiner Umgebung richtete. Es war wie eine lange quälende Sucht, von der ich jetzt Erleichterung erfuhr und erst dann so richtig begriff, dass es überhaupt eine quälende Sucht ist. Es war ja so normal und vertraut und ich war daran gewöhnt. Und jetzt Puff weg. Nun drang die gesamte Schönheit der Umgebung in mich ein, es war mir fast so, als fühlte ich die Klänge der Palmen tief in mir, sie berührten meine Seele und streichelten mich. Die gesamte Natur war in einer Intensität für mich fühlbar wie nie zuvor. Es war ein einziger Rausch der Sinne. Soviel Liebe und Geborgenheit strahlte alles aus und verschwendete es großzügig an die Umwelt. Welch eine Freude. Ich war so tief bewegt und dankbar, dass mir stundenlang Freudentränen über die Wangen liefen und ich nur noch juchzen konnte. Das fiel aber niemandem wirklich auf, denn die meisten waren betrunken und

„grölten" lauthals. Endlich konnte ich das nachempfinden was Harald schon die ganze Zeit versuchte uns zu verdeutlichen, wie übrigens auch Ekkehart Tolle, dessen CDs ich ebenfalls mithatte. Er beschreibt es nur etwas anders. Diese kann ich nur wärmstens empfehlen, wen das interessieren sollte. Es machte sich in mir eine andere Wahrnehmung in Bezug auf Menschen breit. Ich versuchte den inneren Kern zu erfühlen, was sie ausmachte, fragte mich, wie das Wesen desjenigen, den ich gerade sah, sein könnte, was für Bedürfnisse und Wünsche es wohl hat. Erstmalig fühlte ich mich den Mitmenschen auch verbundener, nicht mehr so getrennt wie sonst, echte Liebe und Verständnis kam auf. Boah. Paradiesische Zustände, oder? Schade, ich kam mit meinen „Auserwählten" nicht ins Gespräch, so dass ich die Richtigkeit meiner Wahrnehmung überprüfen konnte, aber darum ging es erst mal gar nicht, sondern dass ich überhaupt anfing, mehr wahrzunehmen. Nach all diesen aufwühlenden Erlebnissen, kehrte innerlich wieder Ruhe ein und ich empfing meine Stimme des Herzens, die fand, die Zeit in Kuba sei nun abgeschlossen und Brasilien steht auf dem Plan. Auf zum nächsten Harald Seminar, das schon in wenigen Tagen beginnen sollte. Einhergehend mit einer Gruppenenergetisierung bei Thomaz Green Morton, die davor stattfand. Innerhalb kürzester Zeit kaufte ich alle nötigen Tickets und alles war so eingefädelt, dass es am nächsten Tag auch schon losgehen konnte. Wenig später war ich dann auch schon in Brasilien. Ich fühlte ganz genau, dieses Mal würde ich nicht zu ihm zur Energetisierung gehen, sondern im Hotel bleiben, relaxen und ein wenig die Gegend erkunden. Außerdem fand ich, es ist eine super Gelegenheit mit Stella Kontakt aufzunehmen, die sich ja in Brasilien niedergelassen hatte. Es ging ihr prächtig, sie erwartete gerade ein Baby und war total glücklich, dass sie den Schritt gemacht hatte.

Viel mehr gibt es nicht zu sagen. Vielleicht eines noch, es gab dort einen Handleser, der mir eine neue Beziehung vorhersagte und dass ich bald meinen Meister treffen würde. Das hörte sich doch vielversprechend an. Der Rückflug gestaltete sich genauso spannend wie der Hinflug für mich. Aber nicht spannend genug um darüber zu berichten. Also belasse ich dabei, mehr gibt es im Moment nicht zu sagen.

Nach dem spannenden Brasilien Seminar und der „Cuba-Krise", spürte ich ganz deutlich, ich will mich ernsthaft mit dem Thema Partnerschaft auseinandersetzen und mich sozusagen in dieses unbekannte Terrain wagen. Nach all den Seminaren fühlte ich mich stabiler und wohler, dass ich das Gefühl hatte, ich fühle mich mit mir alleine glücklich, also die ideale Voraussetzung für eine fruchtbare Partnerschaft.
Außerdem war ja noch die spannende Sitzung beim Handleser, laut dem würde sich in den nächsten Wochen was anbahnen. Ich war sehr neugierig.
Glücklicherweise gab es zu diesem Thema schon bald ein Harald Seminar in München. Und vorher sollten dazu noch einige Vorträge stattfinden. Bei der Gelegenheit fiel mir auch gleich ein netter junger Mann auf, dessen Gesicht ich vorher noch nie gesehen hatte. Ein Gespräch ergab sich leider nicht, aber ich nahm deutlich meine Flirtlaune wahr. Das kann ja heiter werden!

Der Handleser hatte ja gesagt, eine Person, die ich bereits kenne, meldet sich.
Aber ehrlich gesagt, bei den in Frage kommenden Kandidaten wüsste ich jetzt niemand, der einen Freudenschrei in mir ausgelöst hätte.
Der Einzige, der immer hartnäckig am Ball blieb, war Richard, ein Bekannter von mir. Er war auch einer derjenigen, die sich in der prophezeiten Phase

meldete....oh nein...nur dass nicht. Das war total typisch für mich, mein uraltes geschichtliches Dilemma. Ich habe es „Die nun-sei-doch-nicht-so-Falle" genannt. Die begegnet mir, wie gesagt, ziemlich oft im Leben, typischerweise mit Männern. Es beginnt meist sehr harmlos. Endlich ist mir also jemand sympathisch. Er macht einen netten Eindruck auf mich und wir unterhalten uns gut. Es gäbe also nix auszusetzen. Im Gegenteil, der Mann ist charmant und verhält sich sehr zuvorkommend. Doch jetzt fängt die Gradwanderrung an, denn einerseits ist mein Ego natürlich total geschmeichelt. Wer wird nicht gerne aufmerksam und zuvorkommend behandelt, steht im Mittelpunkt und bekommt Komplimente? Ich stehe da total drauf. Andererseits haben wir Frauen oft eine sehr sensible Wahrnehmung, die versucht folgendes rauszufinden? Meint er es ernst? Was, wenn der mich nur ins Bett kriegen will? Oder schlimmer noch: Wir vermuten, er ist überengagiert, weil er unbedingt jemand abbekommen möchte. Hat er es am Ende nötig? Ist er auch selbstbewusst genug? Ich will nicht das Gefühl haben, der Mann ist mir schon verfallen. Es muss auch ein bisschen schwer sein, damit man das Gefühl hat, eine tolle Eroberung gemacht zu haben.

Bei den Männern ist das im Prinzip das Gleiche, nur bei den Frauen ist es noch diffiziler. Wir wollen ja erobert werden, aber genau nach unseren Vorstellungen, nicht zu viel Macho nicht zu viel Weichei. Er soll nicht gleich sofort am nächsten Tag anrufen, aber wir werden unruhig wen er nicht anruft. Ein bisschen Spannung ist gut, Unberechenbarkeit mögen wir gar nicht. Da werden wir unsicher, fangen an zu grübeln, hab ich etwa zu viel geredet oder zu wenig, findet er mich interessant genug, hübsch genug? Hab ich zu dick aufgetragen und so getan, als hätte ich überhaupt keine Beziehung nötig. Das ist übrigens auch immer einer meiner Fallen. Ich gebe mich gerne unnahbar, so das ja niemand auf die Idee käme, ich hätte es nötig. Man darf niemals ausstrahlen man hat es nötig, man hätte so gerne eine Partnerschaft. Eher so nach dem Motto also gut, ja, ich hab jetzt gar noch nicht so unbedingt über eine ernsthafte Beziehung nachgedacht, aber jetzt wo Du die Idee aufbringst, ok will ich mal nicht so sein...aber gleichzeitig mache ich auch völlig klar: Ich kann aber jederzeit wieder das Spiel verlassen, nur dass Du es weisst. So, aber das nur so nebenbei.

Die meisten wissen es, die eigentliche Kennenlernphase ist ein harter Kampf. Und wie bereits erwähnt, ganz schlimm ist, wenn der Mann besonders nett ist. Er ist in allen Punkten ganz toll und entspricht auch weitestgehend meinen Vorstellungen. Wenn mich meine beste Freundin dann fragt: „Und? Wie ist er so?" und ich sage „Ganz nett". Auwei, das bedeutet nämlich, er ist nicht unsympathisch genug, dass ich gleich sage, nein danke, aber er haut mich auch nicht vom Hocker. Ich verbringe weiterhin ganz nette Abende und wir unterhalten uns immer sehr nett. Bis ich mich versehe, steuert das Ganze langsam aber sicher hin in eine Art von unausgesprochener Beziehung. Bei mir macht sich ein schlechtes Gewissen

breit, denn auf der einen Seite geniesse ich die schönen Momente, weiss aber tief innen, das daraus nichts wird. Versuche mich aber selbst zu überzeugen, sage mir, komm nun sei doch nicht so, der ist doch total nett. Der meint es gut mit Dir. Wenn es langsam anfängt intimer zu werden und das ist das Problem bei den ganz netten Männer, bei mir jedenfalls, sie küssen leider auch nur ganz nett aber nicht so, dass es mir heiss und kalt den Rücken runter läuft. Und wieder denke ich bei mir, ach komm nun sei doch nicht so und es wird langsam aber sicher immer schlimmer. Bis sich eine gewisse leichte unterschwellige Aggressivität einstellt, ich fange an ungehalten zu werden, werde zickiger, aber der nette Mann lässt es mit sich machen. Mein schlechtes Gewissen wächst und wächst, ich versuche mich zu beruhigen, komm nun sei doch nicht so, du verliebst dich schon noch. Und ja, was mache ich, ich spiele weiter mit bis es nicht mehr geht und ich Amok laufe und am Ende noch dem armen netten Kerl die Schuld dafür gebe. Du bist einfach zu nett. Versuche dann aber noch die Kurve zu bekommen und sage: Es hat nichts mit Dir zu tun, ich glaube ich verdiene Dich nicht, es liegt an mir. Ja es stimmt es liegt an mir. Ich bin halt so – gar nicht mal so nett.
Umso mehr ein Grund das Seminar mit dem schönen Titel – Die Liebe leben – zu besuchen. Ich hatte einen dicken Fragenkatalog dabei und war wild entschlossen, Licht in mein Beziehungsdunkel zu bringen. Auch abgesehen von partnerschaftlichen Aspekten wollte ich ohnehin meine zwischenmenschlichen Beziehungen fruchtbarer, herzlicher und gefühlvoller gestalten.

Ich kam also da hin und freute mich wahnsinnig darüber, dass ich dort teilnahm und auch im Besonderen sah ich endlich Barbara, meine Schwester, die auch teilnahm wieder. Und noch dazu war der besagte Fremde da. Uii. Der saß mir genau gegenüber! Und schon fing es an mit dieser Einleitung, die zunächst für Stirnrunzeln und fragende Gesichter sorgen. Es macht so Spaß, wenn man Harald länger kennt, zu beobachten, wie Neulinge reagieren, auf die unkonventionelle Art Seminare zu gestalten. Böse Zungen behaupten sogar unverschämt unseriöse Art – wie schon mehrfach angedeutet.

„Was Liebe sein könnte: Hat einer von Euch ein Haustier? Eine Katze?
Viele, wenn sie über das Tier erzählen, wisst Ihr was die dann sagen? Die sind so eigenwillig. Wenn sie schmusen wollen, schmusen sie, wenn nicht dann – batsch - sie kratzt. Wenn sie Hunger haben, sind sie extrem aufdringlich, wenn nicht, dann eben nicht.
Viele stehen total auf Katzen, gerade deshalb, die lieben dich ohne Ende. Weil sie so ist wie sie ist, man erwartet sich nichts von ihr, sie ist manchmal ein wenig frech, eigenwillig, fordernd – aber man liebt sie gleichwohl. Grundsätzlich muss man zugeben, man kann sich nichts von ihr erwarten, weil man nicht weiß, wie sie gelaunt ist und in Stimmung ist.
Jetzt behaupten viele, man möchte einen Partner aus Liebe haben. Jetzt ist es aber interessanterweise so,

wenn der macht was er will, kommt das gar nicht gut an. Ist Euch das schon mal aufgefallen? Woran liegt das, dass es bei der Katze in Ordnung ist, beim Partner nicht: Bei der Katze ist es eine erwartungslose Liebe."

Nach dieser kleinen Einleitung fand erst mal eine Vorstellung- und Kennenlern-Runde statt. Es sollte ein Gesprächspartner gewählt werden, den man noch nicht kennt, den man dann interviewt, warum er hier sei, was er so macht, was ihm wichtig ist, Farbe der Zahnbürste usw. Ich stürzte gleich auf den Unbekannten – was für eine tolle Gelegenheit dachte ich und zu meiner großen Freude, stellte sich raus, dass all diese schönen Bilder die überall hingen von ihm sind. Überhaupt fand ich ihn total sympathisch und seine ruhige Art zu sprechen, gefiel mir auf Anhieb. Na, wenn das kein Zeichen ist....
Wir unterhielten uns sehr angeregt und auch er schien mich nicht gänzlich uninteressant zu finden. Max heisst er. Mal sehen was sich im Laufe des Wochenendes noch ergibt.....
Jetzt ging es erst mal weiter mit dem Seminar; Harald fing gerade an, von den Sehnsüchten zu sprechen:

„Die Suche nach meinen Sehnsüchten, nach meinem persönlichen Lebensstil, und die Suche nach dem, was ich erlebt haben möchte, bevor ich sterbe, ist ein guter Weg um letztendlich dort hinzukommen Liebe zu empfinden und ich es mir leisten kann, in andere Menschen, in Tiere, in Pflanzen hineinzugehen mit meinem Bewusstsein und wahrnehmen kann, was dort

stattfindet. Das bedeutet, dass man eigentlich, wenn man Liebe mehr und mehr in sein Leben bringen will, irgendwann adieu sagen muss zu seiner Vergangenheit, das bedeutet auch zu dem was man gelernt hat, zu den alten Überzeugungen, zu den alten Strukturen, egal ob die nun politisch, wissenschaftlich, moralisch sonst wie sind und zu sich sagt, alles was ist, könnte ganz anders sein. Vielleicht war mein Blick vernebelt, vielleicht habe ich mich in meiner Geschichte verloren, vielleicht sind die Dinge gar nicht so, wie ich unterstellt habe, vielleicht muss ich neu suchen. Und zum anderen: Ich bin nicht wichtig! Was heißt das genau: Viele Menschen haben einen Größenwahn: Sie wollen wichtig und bestätigt sein, weil sie glauben, wenn sie diese Bestätigung haben, dann haben sie das Recht, dass das Leben sie gut behandelt. Aber solche Menschen sind dann in der Lage alles und jedes auf sich zu beziehen. Warum schaust du mich so an, magst du mich nicht usw. , oder warum hast du das jetzt getan, du weißt doch, dass ich hier bin und wir was anderes machen wollen. In der Partnerschaft sehr häufig verbreitet, im Sinne von, dass man unterstellt, ich habe ein natürliches Recht, dass sich die Dinge so und so und so um mich gruppieren. Dieser Größenwahn, wo man als natürliches Recht einfach gewisse Dinge unterstellt, kommt natürlich auch daher, dass man nicht nach seinen eigenen Sehnsüchten, Fähigkeiten und Möglichkeiten sucht, sondern unterstellt, das Umfeld muss mir das bieten. Und je schlechter meine Geschichte war, desto größer der Größenwahn, desto mehr will ich jetzt wichtig genommen werden. Und alles bekommen, was ich früher versäumt habe. Das schließt mich von der Liebe ab!"

Dazu machten wir eine Gruppenübung, in der wir uns gegenseitig inspirieren sollten. Die Übung half zunächst mal rauszufinden, was die schönste Art wäre durchs Leben zu gehen, was man gerne für Gefühle dabei hätte und vielleicht wenn man stirbt, was man bis dahin erlebt oder begriffen haben möchte. Heimlich hätte ich mir natürlich gewünscht, dass ich mit Max in eine Gruppe komme, doch leider nein.

Die Übung war ein voller Erfolg. Ich war sehr angeregt, stellte aber auch ganz klar fest, bevor ich jetzt näher meine Partnerschaft plane, sollte ich diese Fragen noch genauer für mich klären.

In der Nacht, so erzählte uns Harald, sollte dann noch eine besondere Sternenkonstellation unser Glück vervollständigen – eine Mondfinsternis. Und man sagt, dass man während sich der Mond verdunkelt, alles Alte und Hinderliche an Sichtweisen, Verhaltensmustern und sonstigen störenden Eigenschaften loswerden kann mit verstärktem Erfolg. Und zusätzlich wenn der Mond sich wieder erhellt extrem viel Wunschenergie vorhanden ist, die man sich zunutze machen kann. Na, wenn das nicht der Wahnsinn ist. Wir wurden aber wieder verwöhnt vom Leben.

Jeder machte sich eifrig daran zu überlegen und zu visionieren. Stoff genug gab es ja jetzt. Dann bereitete Harald uns noch mit einer extra darauf abgestimmten Meditation auf das Ereignis vor und so zogen wir bestens präpariert in die Nacht. Und was für eine wundervolle Nacht. Die Luft war fast elektrisch, freudvoll geladen. Ich suchte mir ein schönes Plätzchen und legte sofort los. Ich nutzte jede Minute und sagte alles, was ich loswerden wollte, immer und immer wieder vor mich her – ganz gründlich und intensiv. Nach meinem Zeitgefühl dauerte es mindestens 45 Minuten. Es wurde zwar schon langsam kalt, aber egal, ich wollte alles loswerden. Für die guten Wünsche wollte ich mich dann näher zum Hotel an den hauseigenen Weiher setzen. Da gab es nämlich eine kleine Bank, zu der ich wollte. Ich machte mich gerade auf den Weg, da hörte ich eine Gruppe laut grölen und johlen. Fast so, als würde Rumpelstilzchen ums Feuer tanzen mit seinen Freunden. Ich ging näher ran und erkannte, dass es sich bei der Gruppe nur um eine Person handelte, die wild ausgelassen eine Art Veitstanz veranstaltete. Das stecke mich voll an und ich wirbelte auch umher und tanzte wild zum Weiher. Ich setzte mich noch lange auf die Bank, genoss das Mondlicht und hing meinen Visionen nach. Es war so wunderschön friedlich und ich ließ alles tief in mir wirken. Diese Kulisse war doch wie geschaffen für romantische Phantasien. (ich stellte mir intensiv vor wie ich bei hier auf der Bank sitze, ein netter Mann mir den Arm rum legt und wir uns sehr zärtlich küssen…)

Oh, war das Leben schön.

Am nächsten Morgen wachte ich mit einigen Fragen auf, die mich beschäftigten und mir war klar – es ist auch nicht das Wahre. Auf ein Durcheinander habe ich keine Lust, ich werde jetzt erst für Klarheit sorgen in mir, dann weiter sehen. So löcherte ich also Harald mit meinen anstehenden Fragen!

Z.B. In den ganzen Visionen, die ich anstellte, wie ich mich mit Partner fühlen möchte, gab es immer Phantasien, in denen der Partner etwas für mich tat. Wie ich mich dabei toll fühle.

Harald: *Ja, der übliche egoistische Ansatz.*

Ich: Genau, aber von meinem üblichen egoistischen Ansatz will ich ja wegkommen und jetzt die Frage: Visioniere ich wie wir uns beide gut fühlen oder gehe ich ganz weg von mir und überlege nur wie er sich gut fühlt (ich musste grinsen)?

Harald: *Ja, verstehe das Problem!*

Ich: Aha.

Harald: *Hast du mein Wunschbuch schon gelesen?*

Ich: Teile davon!

Harald: *Aha. Also, aus meiner Sicht ist es so, dass das was unser Leben bestimmt, jetzt aber vor allem die Zukunft, die Energie ist, die ausstrahlt aus unserem Energiesystem. Darum muss man sich vorstellen, dass die Gedanken und die Gefühle, die Bilder, die Phantasien, die wir bewegen, nicht im Kopf bleiben, sondern, dass wir eigentlich wie ein Sender Energiefelder ausstrahlen. Das kennt man unter Aura. D.h. in unserer Aura gibt es eine Prägung, diese erzeugt ein Resonanzprinzip und zieht entsprechende Dinge in unser Leben.*

Wenn wir aber jetzt unser Leben verändern wollen und das, was in unserer Aura ist, entsprechend umprägen, dann ist es wichtig, dass wir nicht andere Menschen integrieren, das ist höchst manipulativ. Können wir zwar tun, aber es wäre eben manipulativ, nicht wirklich nett. Das heißt, was immer wir auch wollen in unserem Leben, sollte zunächst so formuliert sein energetisch, dass es nur uns selbst betrifft. In der Hoffnung oder in der Annahme, dass was oder wer immer dazu passt dann entsprechend angezogen wird. Mal ein einfaches Beispiel. Angenommen ich bin jetzt alleine und hätte gerne einen Partner. Jetzt habe ich auch schon Ideen was in einer Partnerschaft sein soll. Ich hab sogar schon jemanden im Auge!!! Z.B. du sitzt jetzt hier schon so locker und da drüben sitzt der Max und jetzt hast du ihn die Tage beobachtet und denkst: Das ist er. Sein cooler Blick, seine Sprachgewandtheit, die Art wie er Kunst in Form bringt auf der Leinwand, sein hektisches Geklopfe mit den Fingern, all das finde ich extrem anziehend – nur mal angenommen, gell!

(Manchmal bin ich mir nie sicher ob ich gut finde, dass er Hellseher ist oder nicht – fühle mich total ertappt und werde innerlich rot – äußerlich gewöhne ich es mir gerade ab)
Aber jetzt kannst du ihm das ja nicht so sagen – wie sieht das aus? Gell? Also gehst du hin und phantasierst was das Zeug hält, du stellst dir vor, er spricht dich an im Seminar, Tina, wollen wir nicht mal etwas essen gehen, etwas später und länger? Das stellst du dir vor. Dann stellst du dir vor, wie es ist, neben ihm im Auto zu sitzen, wie er dich immer zärtlich streichelt und nur noch mit den Zähnen lenkt, weil beide Hände nur noch beschäftigt sind. Dann hast du all diese Szenen mit ihm. Dann könnte es sein, wenn er einen schwachen Willen hat und nicht so richtig weiß, was er will, dass er diese Energien übernimmt. Du gehst mit deinem Energiefeld dort hin und prägst das in seinen Kopf und er glaubt, das sind seine eigenen Ideen. Er weiß zwar nicht, wie er dazu kommt, aber dann kommt er tatsächlich auf dich zu. Dann stellst du aber fest, das kommt gar nicht gut raus. Du hast dir gar keine Gedanken gemacht, was er für ein Mensch ist, und plötzlich stellst du fest, die anderen Seiten liegen dir gar nicht und noch schlimmer, du liegst ihm überhaupt nicht. Nur mal um es ein bisschen ketzerisch zu sagen. D.h. diese einfache Idee, der käme in Frage, hat zu einem vollkommen Drama geführt. So mit Phantasien umzugehen, ist nicht wirklich günstig. Stattdessen, musst du dich fragen, wieso will ich einen Partner, der so ist, also nicht, was soll er für mich machen, sondern was will ich mit ihm machen oder besser ausgedrückt

in welcher Stimmung will ich sein, wenn der Partner da ist. Wichtig bei den Szenen, die du dir jetzt ausdenkst, ist zu überlegen, wer das mir dir macht. Und du hast dir auch nicht vorgestellt, was das für ein Typ Mensch ist, was der sonst noch so treibt, wie der aussieht, was der für eine Geschichte hat und so weiter, du stellst dir nur vor, es gibt einen Menschen, der so empfindet und solche Gefühle schafft. Jetzt ist sie in deiner Aura diese Phantasie und diese beginnt jetzt durch diese Bilder zu schwingen und diese Schwingung geht raus durch den Raum. Du wirst jetzt Menschen anziehen – nicht nur Partner – Menschen! Vielleicht auch Geschäftskollegen, die diese Stimmung leben. Dann triffst du vielleicht jemand, schaust ihm in die Augen, die genau die Stimmung ausstrahlen, die du haben willst. Was du in deiner Energie verankerst, ist die Stimmung, die entsteht, wenn gewisse Dinge passieren und du lässt aber völlig offen wodurch oder durch wen diese Dinge passieren. Wenn du einen siehst, der passen könnte, brauchst du ihn nicht einbauen in deine Phantasien, er kommt von selbst – WENN er passt. Verstehst du was ich meine?

Ich: **Ja.**
Harald: Ehrlich?

Ich: **Ja!!!!***(frecher Kerl!)*

Jetzt kommt der nächste Schritt: Was an mir ist denn überhaupt bedeutsam für einen Menschen wie ihn. Du fängst an, durch seine Augen zu schauen, wie lebt er

denn, was hat er für Sehnsüchte, für Bedürfnisse, worin besteht sein Glück, was will er erlebt haben bevor er geht, was macht ihn gesund, was macht ihn stark, was macht ihn jung. Dann versuchst du die Welt durch seine Augen wahrzunehmen und irgendwann verstehst du ihn und jetzt kann es sein, du fängst an, ihn zu lieben – vorher nicht – vorher war er einfach nur angenehm aber jetzt beginnst du ihn zu lieben. Wow. Genau so, genau diese Art Mensch begeistert mich, warum? Weil du bist auch so im Kern, aber hast du vielleicht noch nicht gewusst, aber jetzt wo du ihn wahrnimmst und du bist begeistert, wie er mit dem Leben umgeht, bist du begeistert über dich selbst. Dann ist die Sache entschieden.
Im Grunde genommen, braucht man sich keine Gedanken machen, welcher Mensch passt zu deiner Frequenz und zum zweiten brauchst du dir keine Gedanken machen, was könnte ich tun, dass er bleibt. Du musst dafür sorgen, dass du verstehst, wie er ist und dann weißt du, ob er bleibt oder nicht. Man kann jemand nicht dazu bringen, dass er bleibt, in dem man ihn verwöhnt, in dem man Rücksicht nimmt, indem man tolerant ist. Die einzige Garantie, dass ein Mensch in deinem Leben bleibt, ist ein Gleichklang sowohl im Rhythmus, sowohl im Stil.
An sich einfach oder?

Mann, war ich froh, dass ich bei diesem Seminar bin. Zu diesem Thema hat Harald noch viel Spannendes erzählt und tolle Übungen parat, ich habe jetzt nur einen ganz kleinen Ausschnitt wiedergegeben. Zu dem Thema gibt es z.B. auch ein sehr interessantes Buch von Harald mit dem Titel: „Die Energie der Liebe"

Ich für meinen Teil war erst mal bedient und beschloss, bevor ich mit irgendwem anbandelte, wollte ich meine Hausaufgaben machen und meine Wunsch-Stimmungen rausfinden und einprägen. Unabhängig von einer Person, wie er es so deutlich erklärte. Gut, dass ich jetzt erst mal vorhatte für ein paar Monate nach Spanien zu gehen, um dort in Ruhe mein Buch zu schreiben und neue Visionen zu finden.
Bevor es aber soweit war, stand noch eine aufregende Woche bevor. Die letzte Woche vor meinem endgültigen Auszug in einen neuen Lebensabschnitt - ohne festen Wohnsitz.

Ich hatte mir in der Mondnacht unter anderem ganz fest gewünscht, dass der Auszug und alle damit verbundenen Aktionen ganz leicht über die Bühne gehen. Und jeder, der schon mal umgezogen ist, weiß wie stressig das ist. Aber zusätzlich gab es noch an so viel zu denken....wenn ich nur daran dachte...oje....aber ich holte mir immer wieder das Gefühl rein, alles wird gut – egal wie – aber es wird gut!
Und so war es auch. Es war zwar ein richtiger Kraftakt, aber ich hatte immer zum richtigen Zeitpunkt passende Helfer, die meisten Dinge konnte ich verkaufen, den Rest verschenken und es wurde auch alles zur richtigen Zeit abgeholt. Alles klappte wie am Schnürchen. Am letzten aufregendsten Tag, ich hatte noch die ganze

Wohnung zu räumen und zu putzen, die Nachmieter standen schon fast vor der Tür und es sah nicht danach aus, als würde ich je fertig werden, Meeeeeeiiine Neeeeerven! Doch ich schaffte alles und am Abend meldeten sich unerwartet noch einige liebe Freunde aus den Harald Reihen an. So fand alles noch einen wunderschönen Ausklang.

Am nächsten Tag hatte ich noch eine kleine Familienfeier geplant – so zum Abschied. Das lief ebenfalls harmonisch und reibungslos ab. Es konnte also losgehen in einen neuen Abschnitt meines Lebens – passenderweise kurz vor meinem Geburtstag.

Ein nettes Ehepaar, das ich ebenfalls von den Harald Seminaren her kannte, hatte sich vor einigen Jahren in Spanien niedergelassen. Auf einer wunderschönen Finca, mit altem Baumbestand, nahe dem Meer, vermieteten sie nun unter anderem Blockhütten. Ich hatte Bilder davon gesehen und war total begeistert. Ein niedliches Holzhäuschen erwartete mich, eingesäumt von Feigen und Orangenbäumchen, inmitten eines idyllischen Gärtchens. Noch dazu an der Costa del Sol. Einige Stunden später war ich schon da und wurde netterweise abgeholt. Es war dort sogar noch schöner als auf den Bildern und zusätzlich blühte und duftete es von allen Seiten. Na, wenn das kein schöner Start ist!

Das Paradies wurde nur durch die Tatsache getrübt, dass die beiden sich trennen wollten und gerade im Begriff waren, die Finca zu verkaufen. Das hatte zur Konsequenz, dass die Stimmung deutlich Spielraum nach oben hatte und sich gelegentlich aufreibende Dialoge ergaben. Ich konnte mich prima darin üben, es meine fröhliche Stimmung zu halten und mich nicht zu verwickeln. Schnell wurde mir aber klar, es kostete mich einfach sehr viel Energie mich abzugrenzen und so stabil bin ich noch nicht, dass es mir nichts ausmachte. Aber ich hatte viele neue Pläne, für die ich jedes bisschen an Energie brauchte, daher entschied ich mich, die beiden zu verlassen und mir ein passendes Plätzchen zu suchen.

Dieses Mal wollte ich mir nicht wieder den Stress antun, alles abzuklappern und rumzuirren. Ich wollte spüren, wo ein passender Platz für mich ist.

Ich überlegte mir die Stimmung, die dieser Platz für mich vorrangig haben sollte, in welchen Gefühlen ich sein möchte quasi. Also Natur, ruhig, großzügig am Meer usw. Um bessere Chancen zu haben, die Stimme auch richtig zu hören, nahm ich meine Intuitions-CD mit in das Auto, hielt zwischendurch an, hörte kurz rein bis ein Gefühl aufkam und fuhr weiter. Die grobe Richtung hatte ich schon im Gespür, es sollte nach Portugal an die Algarve gehen. Ich freute mich sehr, denn da war ich noch nicht gewesen.

Ich sitze also hier unter Palmen, schaue auf das dunkelblaue Wasser, der würzige Duft von Pinien und Zitronenbäumen ummantelt mich, vermischt mit der salzigen Luft des Meeres. Die Vöglein zwitschern

fröhlich in den Bäumen, eine Katze räkelt sich auf meiner Terrasse und streckt den Bauch in die warme Frühlingssonne und lässt sich genießerisch von mir kraulen. Vor mir steht ein leckerer Cappuccino und ein köstlich duftender Kuchen. Könnte einem schlechter gehen, oder? Jaaaaa, und das alles kam so, weil ich gelernt habe, meine Stimme des Herzens zu hören.
Ich kann das jedem nur empfehlen.

Dort sind übrigens auch die ersten Kapitel für dieses Buch entstanden. Die Zeit verging wie im Fluge und ich spürte deutlich, dass ich an dem Toskana Seminar unbedingt teilnehmen wollte.

-13-
Die „berühmtberüchtigten" Ferienseminare in der Toskana

Die Seminare finden schon seit Jahren in einem traumhaft schönen Anwesen in der wunderschönen und typischen Landschaft der Toskana statt. Eingebettet in sanfte Hügelketten inmitten von alten Olivenbäumen, Zypressen und Weinreben steht die Villa Campo al Sole. Na, klingt das nicht vielversprechend und romantisch? Wenn die Seminare dort stattfinden, haben wir das ganze Haus immer für uns und können uns voll in die Prozesse begeben, unterstützt durch diese kraftvolle und intakte Natur. Der Platz ist wie geschaffen, um das Herz zu öffnen, sich selbst, das Wesen und die eigenen Fähigkeiten besser zu spüren und ans Licht zu bringen. Nicht nur, dass ich immer, wenn ich aus dem Trubel der Stadt dort ankomme, spüre, wie alles Störende von mir abfällt und ich das Gefühl habe, wieder durchatmen zu können. Es ist auch toll, wie viel man durch die Harald Seminare rumkommt. Ich finde, er hat die schönsten Plätzchen ausgewählt, an denen all unsere Sinne so richtig verwöhnt werden. Außerdem finde ich es auch toll, einfach mal wieder in der Toskana zu sein, noch dazu um diese Jahreszeit, es ist gerade Frühling und alles grünt und blüht in üppiger Pracht. Herrlich!

Nach den Strapazen der langen Fahrt freute ich mich umso mehr, endlich da zu sein und kam genau richtig zum Essen. Und das allein ist schon eine Wucht, denn es gibt hier eine Köchin, die eigens nur für uns kocht und alle Teilnehmer mit sensationeller regionaler Küche verwöhnt. Ich freute mich so sehr auf dieses Seminar.

Auch aus einem ganz speziellen Grund. Denn wie bereits erwähnt, haben Gabi und Jörg, die Harald bislang immer im Raum Karlsruhe organisierten, vor kurzem alles in Deutschland aufgegeben und sind hierher gezogen. Sie sind der Stimme des Herzens gefolgt, um in der Toskana zu leben und zu arbeiten. Es fühlte sich an als käme man nach Hause und wird mit offenen Armen und Herzen aufgenommen. Total liebevoll und mit viel Fürsorge hatten sie in kürzester Zeit dem Platz noch den letzten Schliff gegeben und formten diesen schon schönen Ort zu einer wahren Oase.

Ich finde, die Geschichte lohnt sich wirklich zu erzählen und aufzuschreiben und ganz nebenbei erwähnt, das finde nicht nur ich, sondern die beiden wurden während des Umzuges und in der Zeit danach von einem Fernsehteam begleitet, das regelmäßig Dokumentationen über Auswanderer macht. Die Sendung hat den passenden Titel „Good bye, Deutschland". Am besten lasse ich die beiden selbst erzählen:

Gabi in ihrer fröhlichen und unkomplizierten Art machte gleich den Anfang. Dabei strahlen ihre Augen, finde ich, wie sie nur bei Personen strahlen können, die gerade ein großes Abenteuer hinter sich gebracht haben, noch leicht erledigt sind vom Kraftakt, aber kein bisschen bereuen und glücklich sind, es gemacht zu haben. „Ja, wir sind jetzt seid 7 Jahren bei Harald. So ungefähr. Seit 6 Jahren besuchen wir die Toskana Seminare, hier in Campo al Sole. Wie das halt immer so ist beim Harald – wir haben uns wesentliche Fragen gestellt: Wo will ich hin im Leben? Wie finde ich meine Bestimmung? Dadurch enstand eigentlich die Idee, ein Seminarhaus wie hier zu haben. Bisschen kleiner vielleicht, aber dann auch mit Pferd hauptsächlich. Und dann haben wir das kreiert – wie man das halt so macht, wie soll das aussehen? Wie möchten wir uns fühlen?

„Aber damals noch ortsunabhängig, oder? frage ich dazwischen. „Ja, Genau. Eigentlich will Gabi gerade weitererzählen, aber neugierig wie ich bin, will ich auch noch wissen, ob sie damals schon zusammen waren. Gabi runzelt die Stirn und grübelt. Vernachlässigbare Details, denn sie fragt bei Jörg nach. Jörg, waren wir damals schon zusammen? Jörg scheint eindeutig romantischer veranlagt oder ein besseres Langzeitgedächtnis zu haben, denn er antwortet prompt. „Ganz frisch waren wir zusammen und wir wollten uns auch zusammen etwas aufbauen. Gabis Wunsch war es immer ein Seminarhaus zu haben, viel mit Menschen zu tun zu haben und meine Sehnsucht war immer in der Natur zu sein und draußen etwas Kreatives zu gestalten, etwas schön zu machen und künstlerisch vielleicht irgendwelche Themen zu verwirklichen!"

Und ich fand, das spürte man total, überall hingen schon einige Windspiele und andere Kreationen aus selbst gesammelten Muscheln und Holzfindlingen. Die waren nicht nur schön, sondern strahlten auch die liebevolle Absicht aus, dass sich alle hier wohl fühlen und es gut haben. „Aber bis es soweit war", hakte Gabi ein, „gab es noch viel zu tun. Es fing damit an, die Ideen abends mit in die Träume zu nehmen, nach Orten zu suchen, die ungefähr unsere Kriterien erfüllten – viel Platz, ein schönes großes Haus, Menschen, die kommen können und übernachten können, Austausch, viel Natur. Dann haben wir einiges angeschaut in Karlsruhe und Umgebung, wir wollten ja nicht weg von daheim. Damit wir noch unserer damaligen Arbeit nachgehen konnten. Aber alles war so sauteuer, dass wir uns dachten, wir müssen im größeren Umkreis suchen. Frankreich, Elsass, wo man einfach auch noch hinkommt von Karlsruhe aus. Immer wenn wir etwas gefunden hatten und wir dachten, das könnte es sein – ist es an der Finanzierung gescheitert. Gabi grinste plötzlich ganz frech und verschmitzt, und fügte an: „Scherzhaft habe ich dann zu Harald gesagt, es funktioniert nicht, was du uns erzählst. Es stimmt nicht!"
Der hatte nur ganz trocken gesagt: „VERTRAUE! Es braucht einfach noch Zeit und mehr Energie. Nicht aufgeben."

Sein Wort in Gottes Ohr, haben wir gedacht und uns wieder was angeschaut in Karlsruhe. Das war so das Letzte, das wir im Auge hatten, so einen Aussiedlerhof. Nachts, habe ich dann geträumt, ich muss die Siggi anrufen, die Eigentümerin von Campo al Sole. Die kannten wir ja von den Seminaren mit Harald. Halt, halt, unterbricht Jörg an der Stelle, bevor du auf die Siggi kommst, sollte man noch sagen, dass der ganze Prozess, und die Zeit wo wir was anschauten, über zwei bis drei Jahre ging. Im Sommer 2005 waren wir fast jedes Wochenende unterwegs und haben irgendwelche Sachen angeschaut. Die tollsten Anwesen. – Manchmal auch gruselige Sachen, bei denen wir rein sind und alle Haare stellten sich bei uns auf – Es war eine echt spannende Zeit! Wir wurden dann immer mutiger und haben auch Millionen Objekte angeschaut – schon allein aus Neugierde. Ja genau, stimmte ich den beiden zu. Ich wollte auch noch was Schlaues einbringen und sagte deshalb: „Ich glaube, dass es auch wichtig war, einfach in die Aktion zu gehen, um zu zeigen: Es ist uns ernst!"
„Das ist so", bestätigte Jörg und erzählte weiter. „Wie Du Dich erinnerst, waren wir ja in dieser Zeit auch bei Thomaz Green Morten mit dabei gewesen. Jeder durfte ja drei Wünsche aufschreiben.
„Ich hatte aus meiner vergangenen Ehe ein altes Wohnhaus, das mit einer hohen Hypothek belastet war. Noch dazu hatte eine alte Frau das Wohnrecht dort. Damit war es also so gut wie unverkäuflich. Die ganze Sache war eine sehr grosse finanzielle Belastung für uns. Daher war ein Wunsch von mir, dass es endlich

weggeht" berichtete Gabi. Harald hatte uns dazu noch einen Tipp gegeben. Er riet uns, wir sollten uns vorstellen, dass jemand kommt und das Haus gerne haben will, z.B. weil er das Grundstück braucht oder so. Jörg ergänzte: „und wir haben darüber hinaus noch die Wünsche formuliert, wie wir es uns vorstellen und wie es sein sollte vom Gefühl. Einfach ein großes Anwesen mit viel Land außen rum mit vielen Tieren dabei, mit einem Seminarhaus, dass Gäste da sein können und was wir nicht darauf geschrieben haben war, wo das sein soll.
Gabi lachte und platzte raus: „Ja, da haben wir wohl ein kleines Detail vergessen! HIHI."
Jedenfalls waren wir dann grad eine Woche wieder zuhause von Brasilien und dann stell dir vor, nachts klingelte es, stand einer mit der Taschenlampe vor der Tür und er fragte uns ob uns das Haus gehört? Ich war so fassungslos, dass ich nur fragte: „warum?" Darauf antwortete er, dass er uns ein Kaufangebot machen möchte. Wir sind fast umgefallen.
Jedenfalls war es der Nachbar, der eine Firma hatte und das Grundstück brauchte für zusätzliche Parkplätze.
Ihn würde auch die Oma nicht stören, er brauchte nur die Fläche für die Parkplätze.
Wir haben uns so gefreut und haben ihm gleich ein Angebot gemacht.
Der Kaufinteressent war ein guter Geschäftsmann und hat mir viele Tipps gegeben, wie ich mit der Bank verhandeln kann. Er hat mir geraten, wenn alles schief läuft und mit der Bank keine Lösung gefunden wird, soll ich den Schritt wagen und einen Antrag auf

Privatinsolvenz stellen. Nur damit die Bank merkt, es ist mir ernst. Das war damals eine sehr harte Zeit, aber mir war alles egal, ich dachte ich muss alles loslassen, das Alte muss einfach weg. Du wirst es nicht glauben, ca. 6 Wochen später wurde ich von der Bank zu einem Gespräch eingeladen. Ich war so aufgeregt. Stell Dir vor, dort bekam ich sogar gleich einen Kaffee angeboten. Das haben sie vorher noch nie gemacht. Aber das eigentliche Wunder war dann, dass sie dem Verkauf zustimmten. Da der Käufer viel weniger bezahlte, als die Belastung war, ergab sich eine Differenz, die ich ja hätte zahlen müssen. Doch diese Schulden haben sie mir erlassen. Einfach so! Für mich war es wie ein Wunder. Ich bin aus allen Wolken gefallen. Der Antrag auf Insolvenz war somit vom Tisch. Ich hatte alle meine Altlasten weg und war frei. Frei für eine neue Zukunft.

Wow, was für eine spannende Geschichte, aber das war ja noch nicht alles. Wie geht es denn nun weiter, wollte ich von Gabi wissen.

„Immer mit der Ruhe", sagte sie. „Wir waren ja dann wieder hier in der Toskana beim Seminar mit Harald, letztes Jahr, da habe ich beschlossen: es ist mir jetzt alles egal, wenn ich heim komme, melde ich Insolvenz an, das Haus muss weg und dann warten wir ab. Und dann habe ich wie gesagt von der Siggi geträumt. Ich rief sie dann gleich am nächsten Tag an. Ich weiß, dass sie viele Menschen kennt und vielleicht kennt sie jemanden, der was für uns hat. Das war so die Idee. Ich sprach mit ihr und sie war total perplex, denn erst gestern hatte sie mit ihrem Mann gesprochen, was mit

Campo al Sole wird, weil sie es abgeben wollten. Vielleicht machen sie Appartements draus oder ähnliches, sie sind mit der momentanen Verwalterin nicht sehr zufrieden. Ob es nicht was für mich wäre? Zumindest die Saison zu Ende zu machen und vor Ort anwesend zu sein.
Ich dachte, ne also Italien, das kann es nicht sein, wollte es mir aber trotzdem noch überlegen.
Zwei Tage später hatten wir wieder ein Harald Seminar zu betreuen und bei der Gelegenheit habe ich ihn gefragt. Du Harald sagte ich, ich hab ein Angebot, Campo al Sole zu übernehmen bzw. ein paar Monate dort auszuhelfen. Der hat mich nur angeguckt und gesagt, da muss er erst überlegen, er würde mir später Bescheid geben. Super, dachte ich mir, das dauert zu lange und habe in der Zwischenzeit schon zugesagt wenigstens für ein paar Monate auszuhelfen. Außerdem sollte mich eh nicht interessieren was der Harald sagt, sondern was mein Gefühl sagt.
„Genau!" Werfe ich ein.

Und ich war total froh, dass ich hier war, denn so war ich in der neuen Energie. Zuhause wäre ich total verwickelt gewesen und hätte die alten Energien gepflegt und damit wieder die Geschichte fortgesetzt. Jörg konnte da neutraler handeln, da es nicht seine Geschichte ist.
Was dann auch noch interessant war, Siggi hat uns das Angebot gemacht, nach den drei Monaten könnte ich mir überlegen, ob ich für länger dableiben möchte.

„Ja", sagte Jörg „und da war es für mich dann auch Zeit zu überlegen, wenn sie hierher geht, dass ich auch mitgehe". Wir wollten ja zusammen sein und was zusammen machen. Und wenn, dann ziehen wir auch mit dem ganzen Hab und Gut um und nehmen auch die Pferde mit. Das hat sich dann langsam alles so gefügt. Ich war dann noch mal da, wir haben mit Siggi gesprochen. Dann hat sie uns ein Angebot gemacht. Wir hatten ja ursprünglich immer das Thema: wir müssen was kaufen, wir brauchen Geld, um unsere Idee umsetzen zu können. Und plötzlich wurde uns klar, hier hatten wir all das, was wir immer wollten und kriegen noch Geld dafür. Das ist schon verrückt.
Und was ich noch total lustig finde, kicherte Gabi, zuhause haben wir alles ausgeräumt und alte Kollagen gefunden von unseren Visionen und Wünschen. Da war eine Seite drin, ein Bild aus einer Zeitschrift mit einem Haus drauf, toskanischer Stil, mit einem Brunnen vorne dran. So ähnlich wie der unten. Darüber stand der Satz: *Leben und Arbeiten in der Toskana!*
Unglaublich, oder?

Die Geschichte berührte mich total. Es ist schön zu sehen, wie das Leben die Dinge zusammen fügt, welche Möglichkeiten sich ergeben, ohne dass man es am Anfang auch nur hätte ahnen können. Es war schön, die beiden so glücklich zu sehen, teilzuhaben und gemeinsam Zeit an diesem wunderschönen Ort zu verbringen. An einem Ort, der aus einer Vision entstand, Gutes und Schönes zu schaffen und mit vielen in Resonanz ging, die diese Idee nährten und weiterführten.

Und ich finde diese Art mit dem Leben umzugehen, dankbar zu sein für das was ist, nichts als selbstverständlich hinzunehmen, ist eines der grundlegendsten Geheimnisse um ein schönes und glückliches Leben zu haben. Gerade die Seminare in der Toskana beschäftigen sich viel mit diesen Inhalten. Und mir fällt es hier besonders leicht, das zu fühlen, tief im Herzen zu spüren, was Harald meint. Das Faszinierende dabei ist nicht nur für mich, sondern für viele Teilnehmer, dass wir obwohl wir tiefe Inhalte erfahren, Heilung und Erleichterung, Verletzungen und Kränkungen aus der Gesichte ablösen und das passiert alles ganz harmonisch und wie nebenbei. Denn das eigentliche Seminar fügt sich genauso sanft in den Tagesablauf ein wie alles hier. Es gibt keinen Stress, wir können lange und gemütlich auf der wunderschönen Terrasse frühstücken, die ersten wärmenden Strahlen der Frühlingssonne genießen mit traumhaften Blick über die Täler. Nach dem Frühstück findet meist eine Austauschrunde statt, wobei hierbei auch erwähnt sei, nach dem Frühstück bedeutet so gegen 12 Uhr. Wenn das Wetter es zulässt, was ja in der Toskana öfter der Fall ist, finden die draußen statt, an einem besonderen Kraftplatz, der umrahmt ist von uralten Pinien und schönen Obstbäumen. Momentan steht hier alles in Blüte und verwöhnt uns mit einem unglaublichen süßen Duft.

Es ist schön, dort zu sitzen, Haralds Stimme zu lauschen, die köstliche Luft zu atmen und den Frieden zu empfinden, der hier herrscht. Zwischendurch ist auch immer noch reichlich Zeit, um an den Strand zu gehen, der ganz in der Nähe ist. Mittlerweile sind wir auch schon bestens informiert, welches Cafe sich am besten kombinieren lässt, wenn man zum Sandstrand oder Felsenstrand möchte, welche Cappuccino Bar angefahren werden kann, wenn man nur schnell in den Ort möchte oder wie man am günstigsten fährt, wenn wir unser Lieblings-Törtchenkaffee heimsuchen und Strand und Eisdiele gleichermaßen intensiv integrieren möchten. Erwähnenswert ist dabei auch die Tatsache, dass der Besitzer des Cafes unaufgefordert zum Tablett greift, mindestens 8 verschiedene süße Spezialitäten draufpackt, gleich 2 Cappuccini fertig stellt, wenn er Harald von weitem erkennt. Interessant, nicht?

Absolut empfehlenswert und immer einen Besuch wert ist eine ganz besondere Eisdiele in der Nähe. Nicht nur wegen ihres selbstgemachten köstlichen Eises, nein auch die Besitzerin ist sehr speziell. Wir haben sie liebevoll „Weras Schwester" getauft, nicht nur wegen der verblüffenden Ähnlichkeit. Wir haben uns gedacht, es macht durchaus Sinn auch hier ganzheitlich betrachtet, für Ausgleich zu sorgen. Denn jeder, der Wera näher kennt, wüsste, sie würde niemals auch nur in die Versuchung geraten Eis zu essen außer es gäbe vielleicht die Sorten Miso, Wasabi und Knoblauch. Ohne Zucker dafür aus Sojamilch hergestellt, versteht sich. Diese kleine Ironie des Lebens gefällt uns so gut, dass in unserer Phantasie eine Verwandtschaft quasi schon deshalb bestehen muss. Außerdem ist sie auch ähnlich eigenwillig, es kann schon mal vorkommen, dass man eine Eissorte bestellt und sie schüttelt nur stumm den Kopf und deutet auf eine andere, die sie für passender empfindet. Es sind aber alle so gut, dass es nicht wirklich eine Rolle spielt. Kommt man nun ausgelassen und gestärkt wieder in Campo al Sole an, kann es passieren, dass man aus dem Hinterhalt mit einer Wasserpistolenschlacht begrüßt wird. Ganz durchtrieben sind die, die schon öfter auf den Seminaren waren und sich von langer Hand darauf vorbereiten haben. Riesige Kaliber mit ebensolchen Wassertanks werden angeschleppt und zum Einsatz gebracht. Wenn man sich wundert, wo man solche monströsen Wasserpistolen auftreiben kann, würde man wohl ganz trocken die Antwort bekommen: INTERNET.

Ganz besonders schön ist es dann am Abend, wenn wir uns nach dem Abendessen und nach reichlich Zeit für Austausch wieder zusammen finden, unter dem Sternenhimmel, gemeinsam den Geräuschen der Nacht lauschen, den Mond beobachten und dabei in Zustände tiefer Entspannung und Harmonie eintauchen. Das ist Heilung pur. Die Prozesse, die dabei ablaufen, werden von Harald oder Harald II ganz intensiv aktiviert und unterstützt.

Viele sind richtig wild auf die Toskana Seminare und sie sind zu einem echten Geheimtipp geworden.

Inzwischen gibt es schon zweiwöchige Ferienseminare begleitet von Harald II. Ich war jetzt schon mehrmals dort und ich kann nur eines sagen: Der absolute Hammer. Allein dafür lohnt es sich für mich zu leben! Gibt es dazu noch Fragen? Darauf würden sicher einige prompt Antworten: Hat jemand Fanni gesehen? Genau, niemals könnte ich dieses Buch abschließen ohne Fanni zu erwähnen. Fanni ist Gabi und Jörgs Hund, besser Familienmitglied und genauso eigenwillig und absonderlich wie die meisten, die Harald-Seminare besuchen. Haben wir Seminar oder Gruppenrunde, ist sie immer mit dabei. Sollte am Abend Harald den Tag beschließen mit den üblichen Worten, „hat jemand noch Fragen?" würde man sicher aus der Ferne Gabi rufen hören. „Hat jemand Fanni gesehen?" Eigenwillig ist dabei auch, dass ich das auch oft zu hören glaube, wenn ich ganz weit weg von der Toskana ein anderes Seminar besuche........

Apropos weit weg von der Toskana. Ich habe diesen Ort so ins Herz geschlossen, dass ich von der fixen Idee ergriffen war, warum nicht auch hier leben. Ist doch der ideale Ort für Schriftsteller, oder? Ich beschloss das Thema in meiner Phantasie zu bewegen und zumindest mal ein paar Häuser zu besichtigen bei nächster Gelegenheit!

-14-
Kreta

Das Seminar fand in einem wunderschönen Hotel statt, kunstvoll auf den Felsen einer Bucht errichtet, direkt am Meer. Es gibt nur Zimmer mit Meerblick. Das Seminar organisierte, Eleni. Harald sagt immer: Eleni ist ein riesengrosses Herz auf 2 Beinen, und beschreibt damit sehr trefflich die Herzlichkeit und Fürsorge mit der sie uns alle betreut. Sie ist Griechin, hat lange in Deutschland gelebt und kennt Harald von dort. Ebenfalls durch die Stimme des Herzens kam sie nach Kreta. Aber das ist ein Buch für sich und ich will da nicht vorgreifen.....Aber auch ohne Seminar kann man Eleni besuchen und sie sich von ihr selbst erzählen lassen. Vielleicht bei einem Glas Wein und frischen Oliven? Kreta ist immer eine Reise wert. Denn laut Harald hat Kreta Energie von grosser Ursprünglichkeit d.h., da ist viel Urenergie, Schöpfungsenergie vorhanden und viele Esoteriker behaupten auch, das Kreta das Wurzelchakra sei von allen Chakras der Welt.

Wie in jedem Seminar ist auch hier wieder für Leib und Seele gleichermassen gesorgt. Elenis Sohn ist Koch auf Kreta und zaubert oft für uns sehr köstliche und einfallsreiche Gerichte. Trotz dieser äusserlich gemütlichen und verwöhnenden Rahmenbedingungen, ändert es nichts an der Tatsache, dass wir in den Seminaren tiefe Inhalte bewegen und ebensolche

Prozesse erleben. So auch hier. Es fing schon für meinen Geschmack drastisch an, denn schon gleich in der Vorstellungsrunde sollten wir uns paarweise zusammen finden und uns gegenseitig die Dinge erzählen, die uns schon lange hindern, die unangenehm sind und die wir endlich los sein möchten. Es ist gut, diese Dinge auszusprechen, denn sie binden sehr viel Energie und erst wenn man bereit ist es auszusprechen, kann man es auch loslassen. Ja, da fiel mir einiges ein, ich wollte unter anderem meine Hemmungen los werden, gleichgültiger gegenüber der Meinung der anderen sein und vor allem konnte ich bis jetzt immer noch nicht ganz das Gefühl der zerdrückten Laus Harald gegenüber ablegen. Aber ich war noch nicht soweit vor der ganzen Runde über meine Laus Gefühle zu sprechen. Schon gar nicht vor Harald. Hm? Blöd! Was machte ich da nur? Vorsichtshalber setzte ich mich unter Druck und haderte innerlich mit mir. Besonn mich aber eines besseren und beschloss, das Thema abzugeben an das grosse Sein und bat um Hilfe und Unterstützung. Manchmal habe ich ein wenig merkwürdige Eigenheiten, besonders wenn es um Dinge geht die mich plagen, muss ich oft total über mich lachen, wenn ich so rumhänge und leide. Es wird dann richtig zur Komödie so auch in dem Fall. Ich fand mich total lustig. Probieren Sie es doch mal aus. Vielleicht hilft es ihnen auch weiter? Ich lief also in meinem Hotelzimmer auf und ab und unterhielt mich mit mir selbst noch dazu im Kölner Dialekt obwohl ich weder dort herkomme geschweige denn ihn beherrsche. Aber es half, danach fühlte ich mich besser und erleichtert. Ich musste so lachen, dass ich diesen Dialog auch als Vorlage für meinen nächsten Sketsch benutzte. Ausserdem half mir auch, dass gerade als ich mich wieder beruhigt hatte, eine andere Teilnehmerin an mein Zimmer klopfte, um ein wenig mit mir zu ratschen. Ich fragte sie ob ich ihr diese lustige Situation vorlesen sollte und ob sie vielleicht eine Idee hätte. Sie hörte zu und musste total lachen und war erleichtert, denn manchmal geht es ihr ähnlich. Das tat gut. Wir spürten beide dass wir den Knoten noch in diesem Seminar lösen können.

Das Seminar versprach überhaupt sehr spannend zu werden, denn es gab einige vielversprechende Konstellationen. Erstens stand noch ein Besuch in einem ganz besonderen Kloster, einem „Wunsch-Kloster" an, dann waren 2 Teilnehmer dabei, die in Indien waren und den Aschram besucht hatten und zu guter letzt hatte ich noch eine Einzelsitzung bei Harald, da ich mittlerweile von der Idee besessen war in die Toskana zu ziehen und noch Impulse von ihm einholen wollte.

Was hat es mit dem „Wunsch-Kloster" auf sich?

Harald erzählte in dem Seminar folgendes: *„Es gibt ein mystisches Wunsch-Kloster hier. Ich sag das mal so platt. Das besondere an dem Kloster ist, es wurde gegründet, weil dort auf dem Feld eine Marienstatue gefunden wurde von einem Hirten. Dann wurde recherchiert wo die herkam und man fand raus, dass*

sie aus einer Kirche weiter weg stammte. Dahin wurde sie wieder gebracht. Kurz Zeit später war die wieder auf dem Feld materialisiert. Als sich das 2mal wiederholte, wurde beschlossen, auf dem Feld an dem sie gefunden wurde, ein Kloster zu bauen. Die Kirche ist im Felsen drin. Sehr spektakulär. Dort wohnt ein junger Mönch und man kann einen Termin mit ihm vereinbaren, dann schliesst er die Kirche auf, damit man darin beten kann, Kerzen anzünden und seine Wünsche abgeben. Das besondere daran ist, dort oben sind viele Wunderheilungen passiert. Viele Wünsche, die irgendwo schwierig waren, wahr werden zu lassen, wurden dort ganz schnell wahr. Entweder direkt oder kurze Zeit später. Auch unerfüllte Kinderwünsche haben sich dort unerwartet sehr schnell erfüllt. Aber der Mönch hat nix damit zu tun, gell!
Bei einem Freund von mir war das so. Seine Frau wurde nie schwanger, es hat einfach nicht geklappt. Als er hier war, kaum waren die beiden in der Kirche, schon war sie schwanger. Als sie nach paar Jahren wieder da waren, wurde sie mit dem zweiten Kind schwanger! Im Moment sind alle 4 da, um hier Urlaub zu machen, aber diesmal besucht er das Kloster nicht. Er ist umsichtig!

Viele erzählen, dass dort Klarheit gekommen ist, d.h., hinterher war ihnen alles klar. Aber dann sollte man sich auch ein wenig vorbereiten, denn man ist ja dort nicht lange oben.

Wir haben für die Vorbereitung noch genug Zeit und machen noch eine Übung dazu, denn wir fahren erst gegen Ende des Seminars dort hoch."

"Apropos Wünsche und Magie. Im Moment treten so viele Magier an die Oberfläche wie noch nie, scheint mir. In allen Ecken der Welt. Die zentrale Botschaft ist immer die gleiche: Alles ist möglich, die Grenzen sind nur im Kopf. Die Esoteriker reden diesen Satz vor sich hin seit Jahrzehnten, haben aber weniger eine Vorstellung davon, was das bedeutet. Ein Magier zeigt was das bedeutet, er heilt vor den Augen der anderen, zettelt was Neues an, gebärt neue Ideen, er hat zu allem und jedem was zu sagen. Das Besondere ist, er ist im Einklang mit der Schöpfung. Er bringt sich in Verbindung mit einem Thema und schon weiss er was. Das ist natürlich sehr praktisch. Ob er nun Visitenkarten entwirft, eine Firma berät oder Autoreparatur vorschlägt, er kann zu allem was Konstruktives einbringen. Er hat immer neue Ideen und will immer weiter kommen. Das interessante an einem Magier ist, er zieht andere Magier an und er hilft anderen Menschen dabei, die Magier werden wollen und auch anderen. Schade ist, wenn ein Magier seine Weisheit für sich behält, weil er dann nicht viel für die Welt tut. Z.B. Bei Castaneda, die haben ihr Wissen nur in ihrem kleinen Kreis weitergegeben, und die sollten dann die Tradition des Magiertums wieder einer kleinen Gruppe weitergeben. So ging das seit Jahrhunderten. Castaneda war in dieser Truppe der

erste, der dieses Wissen einer riesigen Masse zur Verfügung gestellt hat in seinen Büchern und damit ist das Ende der alten Tradition erreicht und er hat quasi die neue Tradition eingeführt. Im Moment lese ich gerade Bücher über einen Ashram. Ihr wisst, da gibt es einen indischen Meister, der sein Leben der Idee widmet, Heiler auszubilden. Er möchte den Menschen Nahe bringen, dass es ein göttliches Schöpfungsprinzip gibt, was genutzt werden muss. und der einen Weg zeigt, wie man diese Fähigkeiten verinnerlicht, mit der Botschaft die Welt braucht dringend Heiler. Ganz dringend. Wer es nicht nutzt, ist verantwortlich dafür, dass er selbst und die Welt irgendwann zu Grunde gehen. Es gibt mehr und mehr, die das machen.

Teilnehmerin: „Da muss man doch so Mantren beten, oder?

Harald: *„Ja, wobei man muss sich natürlich vorstellen, Mantren sind Energietore zu bestimmten Ebenen von Bewusstsein und Energie. Es gibt viele Wege, um diese Ebenen zu ergründen. Diese Mantren, die er rezitiert, sind solche Wege, soweit ich das begreife, ohne zu wissen, was eigentlich passiert, sich an diese Ebenen anzudocken und irgendwann nur zu spüren, wie diese Energie wirksam wird. Man begreift es am Anfang nicht wirklich was da passiert aber es funktioniert.*

Teilnehmerin: Ich war ja da aber es ist eine ganz andere Welt.

Ja, das ist sicher so. Noch etwas, da mich viele immer Fragen, warum ist Thomaz Green Morton so teuer wo's bei andren günstiger ist.

Entscheidend ist, es braucht im Ashram oft Zeit. Wer dieses Meditationsprogramm macht, muss sich Zeit nehmen. Bei Thomaz geht es schneller. Wozu man normalerweise jahrzehntelanger Meditation benötigt, schafft Thomaz in 2 Tagen, den Menschen direkt in den Kontakt zu bringen mit der göttlichen Energie. Man kann sie bei ihm sehen und spüren. Ganz real.

Und wer etwas wirklich von Herzen will, kommt auch zu dem Geld. Thomaz hat mir mal was sehr Spannendes erzählt. Für ihn ist es enorm schmerzhaft, wie viel Wert Menschen Geld beimessen, was ziemlich unwesentlich ist. Aber den wirklich wichtigen Dingen, messen sie keinen Wert bei. Sie sagen z.B.: Sie haben kein Geld, um zu mir zu kommen, weil sie die Wohnung abbezahlen müssen. Er sagt dann immer, wenn kümmert diese blöde Wohnung? Du brauchst diese Erfahrung, dieses Wissen. Die Betrachtung von dem was wichtig ist und was nicht, ist oft so was von schräg. Er verlangt diese hohen Preise, um den Menschen zu zeigen: so geht es nicht. Wenn Du etwas Einmaliges willst, musst Du bereit sein, etwas Wertvolles zu opfern. Was ich glaub, es ist egal welchen Weg man nun wählt, wir sind zusammen gekommen, um Chakren zu öffnen. D.h. Das Wurzelchakra zu öffnen, ist für mich ein wichtiger Weg um zu Energie zu kommen. Es gibt für mich keinen andern. Wenn ich kein Leben habe, das mich freut, dann bleibe ich stecken. Ohne Freude komme ich nicht weiter. Es gibt viele Wege, man muss halt in sich rein hören, welchen man macht. Aber welchen Weg ich auch gehe, ich kann nicht vorankommen, wenn ich nicht bereit bin, meine Geschichte an den Nagel zu hängen. Und was auch nicht geht, einen dieser Wege zu beurteilen, bevor ich ihn gegangen bin. Ich kenne so viele Leute- die zerreissen sich den Mund über Dinge oder Personen und haben sie nie live erlebt. Viele fallen über den Ashram her, dabei haben sie noch nie ein Jahr mit Mantren meditiert. Das dauert ein Jahr oder länger bis der erste Effekt eintritt. Ich kenn welche, die zerreißen sich den Mund über mich als Schwätzer, einer der immer zu spät kommt. Sie haben sich aber nie die Mühe gemacht, das mal zu üben was ich sage, um zu sehen was es macht. Egal welchen Weg man geht, man muss ihn konsequent gehen, wenn man frei werden will und in Kontakt kommen will mit seiner Energie. Hat jemand dazu Fragen?

Teilnehmerin: „Ja, ist es nicht so, dass viele mehrmals zu Thomaz gehen, und dann noch in einen Ashram? Mir ist auch aufgefallen, dass viele jahrelang bei Dir sind. Ich verstehe das immer noch nicht ganz. Verändert die Energetisierung dich für immer und weiß man dann was man will? Warum aber gehen viele weiterhin in die Seminare?"

Harald: *„Es ist sehr komplex, daher nicht so einfach zu beschreiben. Ich sag mal jetzt vielleicht ein paar*

Punkte, dir mir aufgefallen sind, weil ich die Menschen auch anders sehe wie üblich. Ich glaube, dass unser Hauptproblem unser einfältiges Vorstellungsvermögen ist. Wir sind einfach einfältig. Punkt. Das kommt durch unsere Geschichte. Egal wie reichhaltig die ist, wir sind immer noch einfältig. Es ist die Einfalt, die unsere Fähigkeiten begrenzt. Davon bin ich immer noch überzeugt. Jetzt kannst Du natürlich Bücher lesen, was alles möglich ist, aber das ändert nichts an unserer Einfalt. Üblicherweise denkt ein Mensch, gut vielleicht ist das möglich, aber bei mir wird das nicht gesehen. Dann gibt's welche, die reden nur drüber aber es passiert nichts. Das zweite Problem ist Energie. Thomaz Green Morton versucht beide Probleme auf seine Art anzugehen. Das erste ist Energie. Er überträgt Energie mit dem Ziel, dass wir durch das mehr an Energie klarer spüren können, wo stehe ich, was ist zu lösen, wo sind Energielöcher. Das zweite ist, er zeigt Phänomene. Aber nicht so wie im Kino, er lässt sie spüren: z.B. Dass sich in den eigenen Händen die Münzen biegen. Wir sind beteiligt an den Wundern und wir wissen, wow, ich habe ein Wunder bewirkt, ich habe es mitgekriegt. Er sagt aber niemanden etwas darüber, wie er leben soll, was er machen soll. Er sagt, seine Aufgabe ist es, Energie zu zeigen und zu übertragen – fertig! Ich bin da ganz anders, meine Aufgabe ist: ich rede was das Zeug hält. Seit mehr als 25 Jahren rede ich. Entscheidend ist, Thomaz Green Morton redet nicht, er redet zwar, aber das was er sagt, ist eigentlich um das Ego tot zu klopfen. Jemand, der mal bei ihm war, hat wahrscheinlich Energie erlebt wie nie zuvor in seinem Leben. Einmal reicht auch grundsätzlich mal, um zu sehen: es gibt diese Energie. Und wenn Thomaz dann dort konfrontiert mit dem eigenen Ego, mit eigenen Zweifeln kommen manche ziemlich zertrümmert nach Hause. Wobei ihnen plötzlich klar ist, wo sie feststecken. Das liegt an der Energie, die er überträgt, die klärt den Blick völlig. Das Wichtigste ist danach, dass der Ball am rollen bleibt. Am besten man hört jeden Abend die Mentalisation und beschäftigt sich mit wesentlichen Inhalten. Viele verlieren das aus dem Auge oder vergessen das. Dadurch verringert sich das Energiepotential wieder. Dass jetzt jemand weiterhin auf meine Seminare kommt, hat jetzt grundsätzlich damit nichts zu tun. Wer die Energie von Thomaz Green Morton spürt, und auf die Seminare geht, holt sich immer wieder die Werkzeuge und macht sich die Dinge klar. So einer, so glaube ich, kommt ungleich schneller voran als vorher mit der Zusatzenergie. Das große Problem ist, dass viele glauben, jetzt haben sie gehör,t was ich sage, jetzt können sie es umsetzen. Aber oft geht es nicht so einfach und bald haben sie es vergessen, es ist weg aus ihrer Wahrnehmung und sie fallen in alte Muster. Deshalb glaube ich, dass es nicht verkehrt ist, immer wieder auf die Seminare zu kommen. Und ich sag das jetzt nicht, um Werbung zu machen, sondern weil ich weiss, wer die Energie nicht am Laufen hält, wird die Energie verlieren. Weil die Energie eingeholt wird von der Geschichte. Und da kann mir einer erzählen was er will. Es gibt für mich kaum einen Menschen, der dieser Gefahr entgeht. Es geht nicht darum, zu hören was ich sage, weil vieles von dem was ich sage, habt ihr schon oft gehört. Doch das Hören macht gar keinen Unterschied. Im Herzen muss es ankommen. Und das Herz muss sich wandeln. Deshalb mach ich auch so alberne Seminare, die lustig sind und wir lachen. Damit das Herz befreit wird. Die Wirkung ist nicht im Kopf. Der Hauptgrund warum Menschen immer wieder zu meinen Seminaren kommen, liegt an der Energie, die hier aufgebaut wird. Es ist eine Art Energetisierung auf meine Weise. Ich energetisiere das Herz und zwar auf die Weise, wie ich denke, dass es am besten wirkt. Thomaz macht es auf seine Weise und im Ashram ist es wieder anders. Die verschiedenen Wege sind nicht einfach miteinander vergleichbar. Thomaz sagt zum Beispiel, dass er mit einer anderen Energie arbeitet als die Meister in Indien. Du musst Dein Herz fragen, wohin es Dich zieht. Keiner kann Dir die Entscheidung abnehmen.

Eine Teilnehmerin hatte 2 Bücher aus Indien von einem Ashram mit dabei und lieh mir eines davon. Irgendwie fühlte ich mich sehr angesprochen und war sehr neugierig geworden. Aber in einen Ashram? Nach Indien? Mit all diesen Regeln, Kleider-vorschriften und sonstigen Auflagen und Strukturen? Das ist doch nichts für mich! beschloss ich und mir fielen noch ganz viele Argumente ein, warum das alles nicht für mich in Frage kommen würde, schon allein wegen der Toskana-Idee! Entschlossen gab ich am nächsten Tag das Buch wieder zurück und war erleichtert, Klarheit gewonnen zu haben.

Erleichtert nahm ich am selben Tag noch meine Sitzung bei Harald wahr, und war froh meine Fragen stellen zu können. Unter anderem natürlich auch die Frage nach meinen Toskana-Plänen. Was er denn davon halte, fragte ich. „Hm ja Toskana vielleicht eher noch nicht, vielleicht lieber im Deutschsprachigen Raum ein Häuschen mieten, nahe eines Sees, mit nettem Garten." Wenn ich Sitzungen und Workshops anbieten will, wäre es in der Toskana vielleicht schwieriger wegen einer möglichen Sprachbarriere und ähnlichem. Außerdem wäre es jetzt überhaupt an der Zeit, für Rückfluss zu sorgen und was zu tun in die Richtung. Was er sagte, leuchtete mir ein und es schien stimmig für mich. Befriedigt zog ich mich in der Form zurück und ließ alles noch mal auf mich wirken.

Am nächsten Morgen wachte ich unwohl auf und war nicht der besten Dinge, um es mal so zu formulieren. Irgendwas in mir grummelte. Aber was?

Vielleicht würde die anstehende Übung mehr Klarheit für mich bringen? Wir sollten uns für den Klosterbesuch am nächsten Tag noch grundsätzliche Gedanken über uns und unsere derzeitige Lebenssituation machen. Harald führte noch ein paar Ideen und Anregungen dazu an:

Was, an dem, was in meinem Leben jetzt momentan vorhanden ist, an Umständen, Personen, Beruf, Hobby usw. die jetzt momentan in meinem Leben sind, entspricht meinem Wesen und warum?

Wie viel von dem würde ich noch erhalten, wenn mich keiner sehen würde, keiner davon erfahren würde?

Was würde ich sofort unterlassen oder tun, wenn ich keinerlei Ängste mehr hätte?

Was würde ich machen, wenn ich nur noch kurze Zeit zu leben hätte?

„Der Wunsch, den man morgen mitbringt, kann ein konkreter Wunsch sein. Aber es sollte ein Wunsch sein, der mit Sicherheit mehr Liebe und Freude in mein persönliches Leben bringt und damit in das Leben der Menschen um mich herum. Wenn ich dann weiß, dass dieser Wunsch erfüllt ist und ich hab dann mehr Liebe und Freude. Wie kann ich das den anderen Menschen weitergeben? Dann geht es mir richtig gut. Das Kloster hat eine Energie von hoher Intensität. Die kann Heilung bringen, Verwirrung lösen, Zweifel überrollen und neue Tore öffnen."

Die Fragen gingen ganz schön ans Eingemachte, fand ich. Daher nahm ich mir viel Zeit für die Beantwortung. Ich spürte in mich rein und führte mir meine derzeitige Lebenssituation vor Augen. Job? Hab ich nicht in dem Sinne. Wohnung? Hab ich auch nicht. Hobbies? Ja: Seminare. Freunde? Sind auch auf den

Seminaren. Auto? Brauche ich im Moment nicht. Hm? Wie ist meine Lebenssituation überhaupt? Ich reise viel, hab nur einen Koffer mit meinen Habseligkeiten, reise also mit leichtem Gepäck, kann sehr spontan entscheiden, muss mich nicht um viel kümmern. Ich liebe es, auf Seminare zu gehen, erst mal in die Tiefe zu gehen, mein Wesen weiter zu befreien und nicht wirklich einer regelmässigen Arbeit nachzugehen. Meistens biete ich mediale Beratungen an, direkt an den Seminarorten. Das macht mir Spass und das Buch zu schreiben, ist pure Freude für mich und fällt nicht unter Arbeit. Wenn ich es mir Recht überlege, ist meine Lebenssituation richtig super für mich, es fühlt sich toll an und entspricht mir sehr. Es gibt mir Energie. Eindeutig. Würde ich was ändern? Es traf mich wie ein Keulenschlag! Jetzt ein Haus zu mieten? In Deutschland? Wieder regelmässig einkaufen? Mir einen Hausstand zulegen? Ein Auto kaufen? Versicherungen abschliessen? Verpflichtungen? An einem Ort bleiben und Workshops organisieren? Bloss das nicht! Oh Gott. Meine Nerven? Was würde ich dann tun? Was würde ich tun, hätte ich noch 6 Monate zu leben und wäre ich angstfrei? Die Antwort kam schnell und eindeutig: **Ich würde in den Ashram gehen und die Erfahrung machen wollen!**

Aha! Da wurde mir einiges klar: Es war wichtig, alleine darauf zu kommen, weil ich es möchte und für passend erachte und nicht weil es mir jemand sagt. Und wäre der Impuls von der Stimme des Herzens gekommen, hätte ich mich nicht mittels einer Beratung absichern oder bestätigen lassen müssen.

Die Übung hatte aber nicht nur bei mir für sehr viel Klarheit gesorgt sondern auch bei weiteren Seminarteilnehmern, denn die wollten ebenfalls in einen Ashram!

„Immer dann, wenn grosse Klarheit einkehrt im Bewusstsein und die Sehnsucht gross ist nach Änderung und der Richtung der Änderung klar ist, dann kommen Umstände oder Möglichkeiten, die uns dort hinbringen!" lautete der Kommentar von Harald dazu.

Zufrieden und erfüllt ging ich schlafen und fühlte mich wunderbar eingestimmt für das Kloster. Gemeinsam fuhren wir am nächsten Tag dorthin und wurden alle unsere Wünsche los. Es war sehr berührend für mich dort zu sein und ich badete regelrecht in der wunderschönen, liebevollen Energie und nutzte sie als Grundlage für meine Visionen und Absichten. Noch am selben Tag besuchte ich die Internetseite von einem indischen Meister. Dabei fand ich raus, dass es dort eine Art Jahreskurs gab von 3 mal 3 Monaten. Dieser sollte im Juli beginnen. Ich verspürte stark den Drang, mich hierfür anzumelden. Aber zuerst wollte ich zu Hause noch ein paar letzte Dinge klären. Endgültig entscheiden wollte ich mich dann nach dem nächsten Intensivblock, der kurz nach Kreta stattfand.

Aber bevor es soweit war, gab es ja noch eine kleine Sache zu erledigen. Was war es gleich? Ach ja, die „Laus-Geschichte". Die wollte ich nicht auch noch in Indien fortsetzten, also beschloss ich allen Mut zusammen zu nehmen und sie aufzulösen - öffentlich. Mir schlotterten ganz schön die Knie, als ich nach der Pause den Seminarraum betrat, mit der Absicht vor der ganzen Runde, über mein Dilemma zu berichten, dass mich seit Jahren quälte.

Passenderweise fragte Harald gleich zu Beginn: *„Wie erging es Euch in der Zwischenzeit? Mag jemand erzählen? Tina!? Du siehst so vielversprechend aus."* Ich war eigentlich auch ganz froh über den kleinen „Anschupser" auch wenn ich spürte: jetzt gab es kein Zurück mehr. Augen zu und durch.

Tina: „Hm...nun...manchmal stecke ich in so Rollen fest, wo ich ganz genau spüre, ich spiele diese Rollen, möchte sie verlassen, aber es klappt einfach nicht. Was mache ich da?" (Ich versuchte mich erst mal mit dem nebulösen Ansatz rauszumogeln)

Harald: „Hast Du ein Beispiel?"

Tina: (Oh Mist) „Hm...nun...äh...Also! Die Rolle, die mich am meisten plagt, ist meine Rolle während den Seminaren. D.h., seit ich dich kenne, fühle ich mich in deiner Gegenwart immer als zerstampfte Laus!"

Unqualifizierter Zwischenruf eines Teilnehmers: „Mit Recht!"

Qualifizierte Zwischenrufe: „Geht mir auch so!" Mir auch!" Bei mir ist das schon lange so!" „Wir alle, Tina, wir alle!"

Harald: „Wie jetzt?"

Tina: „Schon immer fühlte ich mich in Deiner Nähe als zerdrückte Laus! Und was ich auch anstellte, es wirkte nichts. Ich dachte, es wird mit der Zeit besser aber nichts half."

Harald: „Weißt Du, das Gefühl der zerstampften Laus, kommt wahrscheinlich daher, dass man auf der einen Seite bei den Seminaren erkennt: Was war. war nicht so gänzlich optimal- auf der anderen Seite, das was gänzlich optimal wäre, kommt noch nicht sofort um die Ecke. Dazwischen gibt es ein Vakuum. Solange man im Vakuum steckt, ist die Wahrscheinlichkeit, dass man einen Euphorieanfall bekommt, der sich hält, ziemlich gering! Dass einer kommt, ist möglich, dass wieder abfällt, ist wahrscheinlich. Was so blöd ist an dem Weg, den ich aufzeige im Seminar ist: es ist ein einsamer Weg. Weil letztendlich, dass was man sucht, kann man nur selbst schaffen. Vorher war alles so bequem, d.h. für jeden Zustand hat man irgendwo einen Verursacher gehabt. In dem nun die Zeit vorbeigeht in der man für jeden Zustand einen

Verursacher findet, muss man den Verursacher in sich suchen. Das ist sehr unangenehm, so unangenehm, dass viele den Weg ablehnen. Deshalb. Nichts ist angenehmer als einen Schuldigen zu haben. Ob das nun die Eltern sind, die sich unfair verhalten, die Bank, die doof ist, die fiesen Kollegen, die schlechte Wirtschaftlage, das miese Wetter oder der verständnislose Partner. Es gibt einige, die man anschwärzen könnte. Jetzt kann man nur sich selbst anschwärzen. Das baut selten auf, daher kommt das Laus-Gefühl!
Für eine gewisse Zeit! Irgendwann dreht sich das Blatt. Denk an Castaneda, der beschreibt es sehr trefflich in seinem Buch. Bei ihm hat es auch gedauert, aber jeder Vorschritt war eine Riesen-Erleichterung. Wenn wir uns jetzt also neu ausrichten, dauert es ein wenig bis es wirksam wird. Die Gegenwart ist das Ergebnis der Gefühle aus der Vergangenheit. Die Gefühle von jetzt schaffen die Zukunft von morgen. Die Kunst besteht darin, dass man sich von dem alten Schrott nicht einfangen lässt. Du brauchst sehr viel Energie wenn das neue sich sofort manifestieren soll. Davon gibt es wenige. Aber wir waren ja jetzt im Wunsch-Kloster, das gibt Rückenwind."

Tina: „Wie kommt man nun jetzt aus der Rolle raus?"

Harald: „Bei mir hat am besten geholfen zu sagen: „Hahaha, der alte Harald schlägt wieder zu!" Und hab's einfach nicht so ernst genommen und das Neue strikt verfolgt. Um noch mal auf das Vakuum zu

kommen: Es ist eigentlich ein positives Zeichen dafür, dass was in Gang kommt. Mehr gibt es nicht zu sagen im Moment."
Aha, es bestand also Hoffnung. Mit diesen guten Vorsätzen und Aussichten endete dieses aufregende Seminar.

***

Nach Kreta ging eigentlich alles sehr schnell. Ich besuchte noch das Intensivtraining und diesmal wollte auch Barbara mit dabei sein zusammen mit Miriam, ihrer Tochter. Das freute mich ganz besonders! Wie immer wurden wir auch hier wieder in Übungsgrüppchen aufgeteilt. Als ich nach der Pause wieder auf Barbara traf, sah diese total verändert aus. Was ist passiert? fragte ich sie. Stell Dir vor, ich war mit einer in einer Übungsgruppe, die erzählte von ihren neuen Plänen, dass sie in den Ashram geht zu einem Meister, der Heiler ausbilden möchte. Ich weiss genau: ich muss da hin! Ich habe mich entschieden! Was?! Ich war fassungslos und freudig zugleich. Wie willst Du das mit Miriam machen? Da wird sich schon eine Lösung finden, sagte sie. „Zu erst verkaufe ich mal meine Wohnung, dann sehen wir weiter."
Nach dem Intensivtraining meldeten wir uns gemeinsam für das Universitätsprogramm an. Barbara beschloss, alles selbst in die Hand zu nehmen, da es in der Vergangenheit nicht zu Ihren Stärken zählte und sie es sich beweisen wollte. So inserierte sie kurzerhand die Wohnung in der Zeitung. Paar Tage später stand

schon ein Interessent vor der Türe. Der prüfte die Wohnung gründlich und entschied sich, sie zu nehmen. 2 Wochen später war der Notarvertrag unterschrieben und sie durfte sogar noch drinnen bleiben, bis sie was Neues finden würde. Miriam wollte nicht nach Indien mitkommen, sondern lieber hier auf die Schule gehen und bei Ihren Freundinnen bleiben. Barbara entschied sich, ein Au-pair Mädchen zu engagieren. Zusätzlich würden sich auch der Papa und die Oma liebevoll kümmern. Der Job war schon in weiser Voraussicht zuvor von ihr gekündigt worden. Sie hatte gespürt, dass was Neues anstehen würde. Dass es so drastisch ausfallen würde, hatte sie zwar nicht gedacht. Tief im inneren wusste sie jedoch genau, dass sie schon soviel Zeit vertrödelt und unwesentlich gelebt hatte, dass es jetzt Zeit würde zu handeln. Zusammen beantragten wir noch die nötigen Visa, erledigten letzte Besorgungen und ähnliches. In dieser Zeit amüsierte es mich besonders, wenn ich meine vielen Täschchen und Köfferchen in meiner Heimat geschäftig umher schob und dabei an meine ehemaligen Schulfreundinnen dachte, die zur gleichen Zeit ihre Kinderwägen schoben. Damals hätte ich mir nie träumen lassen, dass mein Leben einmal so einen ungewöhnlichen Verlauf nehmen würde.

Der Tag des Abfluges rückte immer näher. Barbara wurde immer nervöser, denn es war noch keine neue Wohnung gefunden. Sollte alles platzen? Zum Glück hatte Harald noch erzählt, dass sich wahrscheinlich die

Vergangenheit noch mal aufbäumt und wichtig macht, wenn man einen grossen Schritt vorhat, der viel Freiheit bedeutet. Nur nicht aufhalten lassen und wild entschlossen weiter gehen. Ich unterstützte sie dabei wie ich nur konnte. Es half, denn sie fand gleich am nächsten Tag eine super Wohnung, am Waldesrand nahe einer Pferdekoppel, ideal für Miriam. Die freute sich sehr. Obwohl sie natürlich traurig war, dass ihre Mami jetzt für längere Zeit in Indien sein würde, spürte sie wohl ganz genau, wie wichtig es für sie sei und so lief alles sehr harmonisch und friedlich. Ausserdem gefiel ihr die Aussicht auf ein Au-pair Mädchen, das nur für Sie da war, jeden Tag bei den Pferden sein zu können weiterhin ihre lieben Freunde um sich zu haben sehr. Da ich gerade von ihren Freunden spreche. Harald und seine lustige Art hatten ihr sehr gut gefallen, offensichtlich auch sehr inspiriert. Bei dem Seminar hatte er wieder kesse Sprüche von sich gegeben, von denen einer ihr besonders gefiel: „Praktisch denken, Särge schenken!" Das nahm sie als praktische Anregung gerne hin und bastelte kurzentschlossen ihrer Freundin einen echten kleinen Sarg, den sie ihr zusammen mit einem hübschen Blumenbouquet zum Geburtstag überreichte. Hat man da noch Worte! So gibt es wohl viele Ausdrucksformen, wie die Arbeit von Harald Wellen schlägt!

Schlusswort und Dank

Lieber Leser, liebe Leserin,

schön, dass Sie mein Buch gelesen haben. Ich hoffe, ich konnte viele neue Impulse und Anregungen geben, damit Sie Ihren persönlichen Weg des Herzens gehen können. Ihren Weg zu mehr Freiheit, Freude und Liebe und somit zu mehr Lebensqualität. Zögern Sie nie, auf die Stimme des Herzens zu hören, auch wenn manche Situationen noch so ausweglos erscheinen. Es gibt immer eine Lösung. Sie müssen Sie nur finden. Ihre Ebene II wird Sie dabei unterstützten. Sie ist Ihre Heimat, die sie mit allem versorgt was sie brauchen! Sie will nur ihr Bestes, dass sie Freude haben und im Einklang leben mit der göttlichen Schöpfung.

Seit ich auf die Impulse meines Herzens höre, auch wenn mein Kopf, die Stimme meiner Vernunft, etwas ganz anderes sagen, war es immer zu meinem Besten **und** zum Wohle aller Beteiligten. Wenn die Stimme des Herzens flüstert, dass es Zeit ist, das Alte zu verabschieden, auch wenn es der Job oder langjährige Beziehungen sind. Dann kann man sich sicher sein, dass das Herz schon was Tolles, Spannendes, Neues für

Sie bereithält! Das Leben ist kurz, gestalten Sie es sich schön.

Machen Sie nichts von Ihren (derzeitigen) finanziellen Möglichkeiten abhängig, ihren Weg zu gehen. Phantasieren Sie so lange, bis sie die Umstände ins Leben ziehen, die Ihnen den Weg ermöglichen. So oft wusste ich nicht, wo ich das nötige Geld herbekommen soll, wie ich meine nächste Miete oder sonst was bezahlen soll. Ich war mehr oder weniger gezwungen, darauf zu vertrauen, dass es funktioniert und dass, zur rechten Zeit die nötige Summe da ist. Es hat immer geklappt, oft sehr abenteuerlich und sehr knapp aber es hat geklappt. Es gab keinen Tag, an dem ich auf der Strasse schlafen musste, Hunger litt, kein Benzin mehr hatte, die Miete nicht zahlen konnte oder sonst was Schreckliches passiert wäre. Lassen Sie sich nie unter Druck setzen oder Angst einjagen! Ich wünsche Ihnen von Herzen das nötige Vertrauen und den Mut, sich dem Unbekannten in den Rachen zu werfen! Es lohnt sich immer! Vielleicht begegnen wir uns mal persönlich? Wer weiss?

Ich darf mich nun verabschieden. **RA!**

Dieses Wort drückt für mich dass aus, was ich tief im Inneren spüre. Unendlichen Dank, diesen Weg gehen zu dürfen. Ich bedanke mich aus tiefsten Herzen, für diese Gnade! Vielen, vielen Dank an all diese wunderbaren einzigartigen Menschen, die mir begegneten und dazu beigetragen haben, dass ich diesen Weg gehen konnte und dass dieses Buch daraus

entstanden ist. Danke auch all den nicht-physischen Kräften, die mich dabei unterstützen!
Danke Dir, lieber Harald, für Deine unendliche Liebe und Kraft! Danke Thomaz Green Morton! Danke an alle lieben Menschen, Ich könnte noch ewig so weiter machen, das wäre dann eine sehr lange Liste von Personen, daher bitte ich bitte um Verständnis, wenn ich hier nicht alle namentlich erwähne. Ich danke Euch allen! RA!

In Liebe, Tina Manasa Eber

Empfehlungen/Adressen:

Meine Internetseite:
www.gluecksschwein-sein.de

Die Internetseite von Harald Wessbecher:
www.haraldwessbecher.de

Die Internetseite von Thomas Müller:
www.thomas-mueller-ra.de
(dort finden Sie auch mehr Informationen über Thomaz Green Morton)